Robert Ier et Raoul de Bourgogne, rois de France (923-936)

Philippe Lauer

Alpha Editions

This edition published in 2023

ISBN : 9789357969260

Design and Setting By
Alpha Editions
www.alphaedis.com
Email - info@alphaedis.com

Contents

AVANT-PROPOS

Cet opuscule est destiné à combler la lacune qui existait entre les ouvrages sur les règnes de Charles le Simple et de Louis d'Outre-Mer, parus dans la série des *Annales de l'histoire de France à l'époque carolingienne* entreprises sur l'initiative d'Arthur Giry[1]. L'étude que M.W. Lippert a consacrée à Raoul, dans une thèse écrite et publiée en Allemagne[2], n'était pas accessible à tous, et, malgré sa très réelle valeur, devait être rectifiée, modifiée ou complétée sur plus d'un point, principalement en ce qui concerne la topographie, la diplomatique et les affaires de Lorraine.

Les identifications des noms de lieux, comme par exemple celles de *Donincum* avec Doullens (Somme) et de *Calaus mons* avec Chaumont-le-Bois (Côte-d'Or), étaient évidemment à réformer, ainsi que je l'ai montré dans mes notes des *Annales de Flodoard*. Les cartulaires n'avaient pas été tous connus, ainsi ceux de Stavelot, de Saint-Étienne de Limoges; et les chartes de Saint-Hilaire de Poitiers publiées par Rédet n'avaient pas été utilisées. Plusieurs des dépouillements relatifs aux éditions des diplômes royaux étaient ou incomplets ou devenus insuffisants par suite des publications postérieures. Divers passages d'annales ou de chroniques n'étaient pas analysés ou commentés d'une manière satisfaisante; enfin certains textes avaient été omis, comme les *Annales Nivernenses*. Mais ce qui rendait surtout désirable un nouveau travail, c'était la conception même du rôle politique de Raoul à l'extérieur, que ni Kalckstein ni Lippert n'avaient bien nettement dégagé. En Lorraine et dans le royaume de Provence, ce souverain a visiblement fait des efforts pour étendre l'influence française et il s'est servi de son frère Boson, possessionné à la fois dans les vallées de la Meuse et du Rhône, pour parvenir à ses fins. C'est sous son règne que se pose nettement la question de savoir si le roi de France succédera ou non aux rois de Lorraine et de Provence. Les droits incontestables de Raoul sur ce dernier royaume et sa puissante position en Bourgogne, à proximité de la Lorraine, semblaient le désigner pour recueillir ces héritages, mais sa situation même d'adversaire de Charles le Simple, le descendant direct des Carolingiens, lui fit visiblement un tort immense à en juger par les résultats obtenus. Ajoutez à cela la lutte acharnée contre les Normands et l'hostilité de ses propres vassaux. Tel est le point de vue que nous nous sommes efforcé de mettre davantage en lumière.

Nous n'avons pas non plus négligé de souligner certains détails de nature à éclairer un peu des faits enveloppés d'obscurité, ainsi l'antagonisme entre la famille comtale de Dijon et les Robertiens ou les causes d'union et de rupture entre Herbert de Vermandois et Hugues le Grand. On ne s'est occupé des antécédents de Robert Ier ou de la personnalité et des actes de Charles le Simple que dans la mesure où cela était nécessaire au récit des événements, M. Eckel ayant déjà traité à fond ces questions.

Il n'y avait pas ici place pour une bibliographie du genre de celles qui sont en tête des volumes relatifs à Louis d'Outre-Mer et à Charles le Simple; elle eût trop ressemblé à ces dernières. Nous avons préféré mettre à la suite des livres nouveaux, cités en note, les indications bibliographiques indispensables. Du reste, on s'est efforcé de ne pas abuser des citations. Ainsi on ne trouvera guère mentionnées les oeuvres de K. von Kalckstein[3], Lippert, Waitz[4], Eckel[5] et mon édition des *Annales de Flodoard*[6], auxquelles il eût été facile de multiplier les renvois. Mais les sources sont toujours indiquées, avec leurs éditions quand il y a lieu. Je me permettrai de renvoyer, en ce qui les concerne, à ma bibliographie du *Règne de Louis d'Outre-Mer*[7], pour tout ce qui pourrait paraître insuffisant[8].

On n'est pas entré non plus dans l'étude diplomatique des actes, qui trouvera sa place avec l'édition des diplômes royaux dans la collection des *Chartes et diplômes* publiée par l'Académie des Inscriptions et Belles-Lettres, mais on en a naturellement tiré parti au point de vue historique.

Nous espérons que, malgré ses imperfections, le présent travail pourra contribuer à faire mieux connaître un moment intéressant dans cette période mouvementée de la décadence carolingienne et de l'établissement du régime féodal.

FOOTNOTES:

[Footnote 1: M. Labande qui s'était d'abord chargé de la rédaction des Annales du règne de Raoul a bien voulu y renoncer en ma faveur. Je tiens à le remercier ici en même temps que MM. Pfister et L. Halphen qui ont lu ce travail, l'un en manuscrit, l'autre en épreuves, et m'ont très obligeamment communiqué leurs critiques.]

[Footnote 2: *Geschichte des westfränkisch en Reiches unter König Rudolf (Inaugural-Dissertation der Universität Leipzig)*. Leipzig, 1885, in-8, 126 pp. et sous le titre: *König Rudolf von Frankreich*. Leipzig, 1886.]

[Footnote 3: *Geschichte des Französichen Königthums unter den ersten Capelingern*. I. *Der Kampf der Robertiner und Karolinger*. Leipzig, 1877, in-8.]

[Footnote 4: *Jahrbücher des deutschen Reiches unter König Heinrich I*. 3e éd. Leipzig, 1885, in-8.]

[Footnote 5: *Charles le Simple*. Paris, 1899, in-8 (*Bibliothèque de l'École des hautes études*, fasc. 124).]

[Footnote 6: *Les Annales de Flodoard*. Paris, 1906, in-8 (*Collection de textes pour servir à l'étude et à l'enseignement de l'histoire*).]

[Footnote 7: *Le règne de Louis IV d'Outre-Mer* (*Bibliothèque de l'École des hautes études*, fasc. 127, p. xxi et suiv.)]

[Footnote 8: Il faudra cependant y ajouter, pour mémoire, l'étrange dissertation d'Aimé Guillon de Montléon, *Raoul ou Rodolphe, devenu roi de France l'an 923, ne serait-il pas le même personnage que Rodolphe II, roi de Bourgogne Transjurane, et d'où vient que le cinquième de nos rois, du nom de Charles, n'est pas appelé Charles V? Dissertation historique.* Paris, 1827, in-8, 124 pp., tabl., 3 pl. Cf. la critique de Daunou dans *Journal des savants*, année 1828, p. 93-102.—Et on peut mettre au même rang la «Vie de Rodolphe, roi de France, tirée de tous les bons auteurs par Jean Munier, avocat du roi ès cours royales d'Autun» (n° 16487 du P. Lelong) conservée dans le manuscrit de la Bibliothèque nationale fr. 4629, p. 89. C'est un chapitre des *Recherches sur les anciens comtes d'Autun* de Jean Munier (m. 1635), où l'auteur se préoccupe surtout de réfuter les «calomnies» mises en circulation par Jean de Serres sur Raoul, dans le célèbre *Inventaire général de l'histoire de France depuis Pharamond jusques à présent, illustré par la conférence de l'Église et de l'Empire* (Paris, 1600, 3 vol. in-8) qui eut quatorze éditions (la dernière en 1660).]

ROBERT Ier

CHAPITRE PREMIER

ROBERT DUC DE FRANCE ET RAOUL DUC DE BOURGOGNE.

Robert, fils de Robert le Fort, est en réalité un personnage un peu effacé, tant la puissante figure de son frère, le roi Eudes, lui a fait ombrage. Pendant tout le règne de celui-ci, il le seconda fidèlement[9], et à sa mort, en 898, il recueillit sa succession comme «duc et marquis» de France. A ce titre, il prêta l'hommage à Charles le Simple[10] qui le traita d'abord avec beaucoup d'égards, ainsi qu'il apparaît par les diplômes royaux des années 904, 915 et 918[11]. Mais dès l'an 900, un premier froissement avait eu lieu entre eux. Manassès, vassal du duc de Bourgogne, Richard le Justicier, s'était permis, dans une conversation avec le roi, de tenir sur Robert des propos jugés injurieux par ce dernier. Robert quitta la cour pendant quelque temps[12]. Il semble cependant qu'il rentra en faveur vers 903, époque à laquelle il sollicita et obtint des diplômes pour ses abbayes de Saint-Germain-des-Prés, Saint-Martin de Tours et Saint-Denis[13]. Il accompagna même, cette année, le roi en Alsace, ce qui l'empêcha de secourir la ville de Tours assiégée par les Normands[14]. Bientôt il prit sa revanche à la bataille de Chartres (20 juillet 911)[15], et, selon la légende, c'est lui qui servit de parrain à Rollon[16]. Dix ans plus tard, après une campagne contre les Normands de la Loire, il imita l'exemple de son suzerain en cédant aux pirates une partie de la Bretagne et le pays de Nantes[17]. Quand on se rappelle la formidable puissance matérielle dont il disposait[18], on est étonné qu'il n'ait pas essayé de s'emparer de la couronne aussitôt après le décès de son frère. S'il ne l'a pas fait, c'est uniquement à cause de l'accord qui venait d'intervenir l'année précédente entre Eudes et Charles[19], car ses bons rapports avec la maison de Flandre et ses alliances avec les familles de Vermandois et de Bourgogne lui auraient singulièrement facilité l'accès au trône.

Raoul était fils de Richard le Justicier, comte d'Autun devenu duc de Bourgogne sous le règne d'Eudes, qui avait écrasé les Normands à la bataille d'Argenteuil en Tonnerrois (28 décembre 898). Il se trouvait être, du chef de son père, neveu de Boson, roi de Provence, par l'impératrice Richilde, soeur de Richard, neveu de Charles le Chauve, et, par sa mère Adélaïde, neveu du roi de Bourgogne jurane Rodolphe 1er[20].

Suivant une légende accréditée postérieurement, il aurait été tenu sur les fonts baptismaux par le roi Charles le Simple lui-même[21]; mais Charles, étant né en 879, ne devait pas être beaucoup plus âgé que son prétendu filleul. Ce dernier est, en effet, déjà témoin dans un acte de 901, et l'on sait que les exemples de témoins au-dessous de douze ans sont exceptionnels[22].

Raoul avait une soeur, Ermenjart, qui épousa Gilbert de Dijon[23], et deux frères cadets, Hugues le Noir et Boson qui, comme lui, ne jouèrent aucun rôle politique actif du vivant de leur père[24]. Leur trace ne se retrouve que dans les souscriptions de chartes. C'est, semble-t-il, Raoul qui souscrit un arrêt de Richard relatif à Saint-Bénigne de Dijon, datant des dix dernières années du IXe siècle; en tout cas c'est bien lui qui figure dans un acte de Richard en faveur de l'abbaye de Montiéramey, du 21 décembre 901, où il est qualifié de «fils de Richard»[25]. Peut-être aussi est-ce lui et son frère Boson qui signent une donation de l'impératrice Richilde à l'abbaye de Gorze[26]. Les trois frères sont témoins dans une charte de concession octroyée par Richard à l'abbaye de Saint-Bénigne de Dijon[27] et paraissent remplir un rôle moins effacé au tribunal comtal d'après une charte en faveur de l'église d'Autun rédigée et scellée au nom de Raoul, agissant comme mandataire de son père (Pouilly, 5 septembre 916)[28]. Raoul intervient aussi dans un acte délivré en 918 par l'évêque d'Autun, Walon, avec l'assentiment du duc de Bourgogne[29].

Les fils de Richard portèrent simultanément le titre de comte. Après la mort de son père, Raoul continue à s'intituler de même, ainsi qu'on le voit dans une charte de donation de sa mère Adélaïde, relative à des biens sis en Varais (Autun, 24 avril 922)[30]

Des premiers actes de Raoul comme duc de Bourgogne, on ne connaît guère que la prise de Bourges[31]. Mais il règne beaucoup d'obscurité sur les circonstances qui accompagnèrent cet événement. On trouve mentionné: en 916 un incendie de Bourges, en 918 une prise de possession éphémère de la ville par Guillaume, neveu de Guillaume Ier d'Aquitaine, et en 924 une cession de la ville et du Berry par Raoul, devenu roi, à Guillaume, moyennant l'hommage[32]. Le duc de France Robert avait, paraît-il, aidé Raoul à s'emparer de Bourges, mais on ne saurait décider si ce fut en 916 ou entre 916 et 918, ou encore plus tard. Raoul s'était en effet allié à la puissante famille des ducs de France, suzeraine de tout le pays au nord de la Loire, en épousant la propre fille de Robert, Emma, princesse douée d'une rare intelligence et d'une mâle énergie[33].

Charles le Simple témoignait aussi des égards à Raoul en souvenir de son père, dont il avait à maintes reprises éprouvé le loyalisme. Il semble même qu'en prescrivant à l'abbé de Saint-Martial de Limoges, Étienne (élu en 920), d'élever deux fortes tours pour résister à Guillaume d'Aquitaine, il prenait ouvertement le parti de Raoul[34].

Robert l'emporta néanmoins, car dans sa lutte contre Charles, nous voyons Hugues le Noir, frère du roi Raoul, lui amener des recrues bourguignonnes pour coopérer avec les forces des grands vassaux à la lutte contre les troupes royales. Toutefois, après l'armistice intervenu à la fin de l'année 922, les Bourguignons s'étaient définitivement retirés[35].

Pour bien comprendre leur rentrée en scène et finalement l'élection de Raoul comme roi, il est nécessaire de jeter un coup d'oeil rapide en arrière et de se rappeler l'état politique de la France à cette époque, ainsi que les principaux événements qui venaient de marquer le règne de Charles le Simple.

FOOTNOTES:

[Footnote 9: Favre, *Eudes*, p. 78, 95-96, 147, 156, 161, 165, 192.]

[Footnote 10: *Ann. Vedast.*, a. 898.]

[Footnote 11: Il l'appelle son «très cher» (*admodum dilectus*), son «très fidèle», le «conseil et l'auxiliaire de son royaume» (*regni et consilium et juvamen*). Pélicier, *Cartul. du chapitre de l'église cathédrale de Châlons-sur-Marne*, p. 31; *Recueil des historiens de France*, IX, 523, 536.]

[Footnote 12: *Ann. Vedast.*, a. 900.]

[Footnote 13: *Recueil des historiens de France*, IX, p. 495-499.]

[Footnote 14: Ibid., p. 499. Eckel, p.68.]

[Footnote 15: *Cartul. de Saint-Père de Chartres*, éd. B. Guérard (Paris, 1840), I, p. 46-47.]

[Footnote 16: Dudon de Saint-Quentin, *De moribus*, I. II, c. 30.]

[Footnote 17: Flod., *Ann.*, a. 921: «... Britanniam ipsis [Normannis], quam vastaverant, cum Namnetico pago concessit [Rotbertus].» Cf. Dudon de Saint-Quentin, éd. Lair, p. 69, n. 4.]

[Footnote 18: Voy. Favre, *Eudes*, p. 12; Eckel, *Charles le Simple*, p. 34; F. Lot, *Études sur le règne de Hugues Capet* (Paris, 1903, in-8), p. 187.]

[Footnote 19: *Ann. Vedast.*, a. 897; Favre, *Eudes*, p. 191; Eckel, *Charles le Simple*, p. 26.]

[Footnote 20: On sait toute l'importance attachée à ce titre de neveu dans les traditions de famille franques. Pour saisir plus clairement ces parentés il suffit de parcourir la généalogie suivante:

Conrad, comte d'Auxerre Thierry, comte d'Autun
  | |
_____   _____

  | | | | |
Rodolphe Ier Adélaïde ép. Richard Boson Richilde ép. Charles
  roi de le Justicier roi de Provence le Chauve
Bourgogne (m. 921) (879-887)

(888-911)
 | | | |
Rodolphe II RAOUL. Louis l'Aveugle Louis II le Bègue
roi d'Arles en 933 ép. Emma, | fils d'Ermentrude
 (m. 937) fille de Robert Charles-Constantin ép. 1° Ansgarde
 | duc de France comte de Vienne 2° Adélaïde
Conrad le Pacifique en 931
 ép. Mathilde, |
fille de Louis d'Outre-Mer ─────────────────────
                              | |
            1° Louis III Carloman 2° Charles
             (880-882) (880-881) le simple
                         (893-922)]

[Footnote 21: *Hist. Francor. Senon. (M.G.h., Scr.*, IX, 366); Richard le
Poitevin, *Chron. (Recueil des historiens de France*, IX, 23).]

[Footnote 22: La majorité était de 12 ans chez les Saliens et de 15 ans chez
les Ripuaires. Cf. Glasson, *Hist. du droit et des instit. de la France*, II, p. 291.]

[Footnote 23: Eckel, p. 40.]

[Footnote 24: *Chron. S. Benigni Div. (Rec. des historiens de France*,
VIII, 241; éd. Bougaud et Garnier, p. 115).]

[Footnote 25: D'Arbois de Jubainville, *Hist. des comtes de
Champagne*, I, p. 450, pr. n° 17; *Cartulaire de Montiéramey*, éd. Ch.
Lalore (Troyes, 1890, in-8), p. 18, n° 12.]

[Footnote 26: *Recueil des historiens de France*, IX, 665; *Cartulaire de l'abbaye de
Gorze*, publ. p. A. d'Herbomez (*Mettensia*, II), p. 159, n° 87.]

[Footnote 27: *Chron. S. Benigni Divion. (Rec. des historiens de
France*, VIII, 242; éd. Bougaud et Garnier, p. 119).]

[Footnote 28: *Cartulaire de l'église d'Autun*, publ. par A. de Charmasse (Autun,
1865) n° 22. Il ne faut pas, semble-t-il, vouloir le reconnaître dans un
Rodolphus comes qui figure avec beaucoup d'autres comtes lorrains dans un
diplôme de Charles le Simple en faveur de l'abbaye de Prüm, daté de la
même année (*Recueil des historiens de France*, IX, 526).]

[Footnote 29: *Cartulaire de l'église d'Autun, n° 23.*]

[Footnote 30: Ibid., n° 9, 10.]

[Footnote 31: Flodoard, *Annales*, a. 924; *Ann. Masciac.*, a. 919 (*M.G.h., Scr.*,
III, 169); *Histoire de Languedoc*, nouv. éd., II, 251; III, 95. Voy. aussi F. Lot,
Hugues Capet, p. 190, n. 3.]

[Footnote 32: *Hist. de Languedoc, loc. cit.*]

[Footnote 33: A. de Barthélemy, *Les origines de la maison de France (Revue des questions historiques*, VII p. 123). On prétend aussi qu'une autre fille de Robert, dont on ignore le nom, aurait épousé son oncle Herbert II. Cf. Eckel, p. 35, qui la désigne à tort comme, «cousine» d'Herbert II.]

[Footnote 34: Adémar de Chabannes, *Commemoratio*, éd. Duplès-Agier, p. 3; Ch. de Lasteyrie, *L'abbaye de Saint-Martial de Limoges* (Paris, 1901, gr. in-8), P. 58-59.]

[Footnote 35: Flod., *Ann.*, a. 922.]

CHAPITRE II

LES ÉLECTIONS DE ROBERT ET DE RAOUL.

Peu après la mort de Louis III, le vainqueur de Saucourt, et celle de Carloman, son frère, le royaume franc de l'ouest, la France, comme on l'appelle désormais dans nos histoires, et les divers pays qui en dépendaient, ne tardèrent pas à se morceler sous l'influence du développement de la féodalité et la menace perpétuelle des invasions normandes. La Bretagne devint en fait indépendante avec les ducs Alain et Juhel-Bérenger, la Provence avec Boson et la Bourgogne avec Rodolphe Ier. Le reste de la France, démembré en une infinité de fiefs, répartis dans les trois duchés de «France»[36], de Bourgogne et d'Aquitaine, fut enfin divisé en deux camps ennemis par la question de dévolution de la couronne.

A la suite de la tentative malheureuse de restauration de l'empire carolingien, qui échoua piteusement à cause de l'incapacité de Charles le Gros, une partie des grands feudataires français, ressuscitant leur droit d'élection tombé en désuétude depuis longtemps, choisit pour roi le comte Eudes, fils de Robert le Fort, tandis que d'autres restaient fidèles au représentant de la dynastie carolingienne, un enfant en bas âge, Charles, fils posthume du roi Louis le Bègue, issu de son mariage avec Adélaïde[37]. Des années de luttes suivirent. Eudes régna, mais à sa mort, Charles, auquel le surnom de Simple a été attribué par ses contemporains, fut reconnu dans toute la France, à l'exception des pays qui s'étaient constitués en états indépendants.

La cession d'une partie des rives de la basse Seine, aux pirates normands, compagnons de Rollon, ne peut être considérée comme un affaiblissement de la puissance royale, quoi qu'en aient dit la plupart des historiens, qui ont coutume de flétrir la mémoire de Charles le Simple principalement pour ce motif. On ne saurait non plus suivre d'autres critiques qui, se plaçant à un point de vue diamétralement opposé, ont voulu l'envisager comme un acte d'habile politique. En réalité, Charles ne pouvait agir autrement devant l'indifférence profonde des grands vassaux, qui lui refusaient toute aide effective pour combattre l'invasion; et sa puissance n'en fut nullement amoindrie, puisque le territoire concédé était un démembrement du «duché de France», qu'il en conserva la suzeraineté et trouva même par la suite un concours inattendu auprès de ses nouveaux vassaux[38].

Presque en même temps que cette cession eut lieu l'acquisition de la suzeraineté sur la Lorraine, précieuse à bien des points de vue. Elle reconstituait un tout brisé par le singulier partage de Verdun et fournissait à la dynastie austrasienne un solide point d'appui en son pays d'origine.

L'autonomie féodale s'était à tel point développée que pour trouver un soutien effectif, le roi Charles en était réduit à rechercher l'alliance des grands dignitaires de l'Église, comme l'archevêque de Reims, ou d'hommes de naissance obscure, d'origine lorraine, comme Haganon[39].

La première rébellion contre le pouvoir royal éclata en 920. Charles fit preuve au cours de ces difficiles circonstances d'une fermeté remarquable. L'archevêque de Reims, Hervé, réussit à sauver le monarque et le seconda si bien qu'il se trouva bientôt affermi au point de pouvoir remplacer l'évêque élu de Liège, Hilduin, son ennemi, par Richer, abbé de Prüm, son partisan. Le traité de Bonn, signé le 1er novembre avec Henri l'Oiseleur, auquel Charles avait eu affaire près de Pfeddersheim, dans le pays de Worms, mit fin à cette première période de troubles[40].

Bientôt de nouvelles difficultés surgirent. Le 31 août 921 mourut le duc de Bourgogne Richard le Justicier, qui était, avec le marquis Robert, le plus puissant des grands vassaux, mais aussi l'un des hommes les plus capables du royaume[41]. Il avait lutté victorieusement contre les Normands, et avait toujours su gouverner avec autorité ses vastes domaines, ne craignant pas de résister aux empiétements des puissances ecclésiastiques, séculières ou régulières, et allant même jusqu'à s'emparer par la force des biens d'Église, comme du reste presque tous les princes laïques de son temps, quand la nécessité s'en présentait. Charles perdit en lui un fidèle partisan: s'il n'en avait reçu aucun secours dans le dernier conflit avec les grands, il avait du moins rencontré de son côté une bienveillante neutralité, et il semblait même que celle-ci dût un jour ou l'autre se changer en coopération effective. La mort de Richard bouleversa la face des choses. Son fils Raoul qui avait épousé Emma, fille du marquis Robert, fut attiré dans le parti des mécontents par son beau-père qui en était le chef. Pour comble de malheur, Charles vit encore l'archevêque de Reims, d'abord condamné à l'inaction par une grave maladie pendant les troubles de 922, abandonner ensuite totalement sa cause, sans que nous puissions démêler la raison véritable de cette défection.

La concession de l'abbaye de Chelles[42] faite par le roi à Haganon détermina un nouveau soulèvement. Charles avait enlevé l'abbaye à sa tante Rohaut qui était devenue belle-mère de Hugues, fils de Robert[43]. Cet acte revêtait le double caractère d'une spoliation et d'une menace. C'était une dépendance arrachée au coeur même des domaines patrimoniaux de Robert et donnée comme poste d'observation et de combat à un ennemi haï et méprisé. Une nouvelle période d'hostilités s'ensuivit. Les opérations eurent lieu en Rémois, Laonnais et Soissonnais, et se réduisirent à des incursions de part et d'autre, à des pillages et à des incendies. A plusieurs reprises, Charles s'enfuit, avec Haganon, jusqu'en Lorraine, et en revint avec des troupes fraîches levées parmi les éléments hostiles au duc ou les vassaux ecclésiastiques. Le duc de

Lorraine, Gilbert, le duc de Bourgogne Raoul, enfin l'archevêque de Reims Hervé s'étaient rangés du côté du marquis Robert[44].

Après la défaite de Laon, Charles fut contraint, par suite de la dispersion totale de son armée, de chercher à nouveau un refuge au delà de la Meuse. Les rebelles profitèrent de l'absence du Carolingien pour secouer définitivement sa suzeraineté en se choisissant un roi parmi eux. Le 29 juin 922, le marquis Robert fut élu roi à Reims par les grands vassaux laïques et ecclésiastiques, puis couronné le lendemain, un dimanche, à Saint-Remy, par l'archevêque de Sens Gautier, le même qui avait déjà couronné le roi Eudes[45]. L'archevêque de Reims, Hervé, alors gravement malade, mourut trois jours après, et son successeur Séulf, choisi sous l'influence des révoltés, prit aussitôt une attitude nettement opposée à Charles[46].

La lutte reprit de plus belle. Robert la transporta en Lorraine. Son fils Hugues marcha sur Chièvremont, que Charles assiégeait, et le contraignit à lever le siège[47]. Au début de 923, Robert eut l'habileté de se ménager une entrevue, sur les bords de la Roer, avec le roi de Germanie Henri Ier qui, au mépris du traité de Bonn, noua des relations amicales avec l'usurpateur. Robert parvint à obtenir d'une fraction des Lorrains un armistice qui devait se prolonger jusqu'en octobre[48]. Puis il rentra en France, où il congédia les contingents bourguignons, ne gardant que peu d'hommes sous les armes.

Charles ne perdit point de temps. Mettant à profit l'instant de répit que lui laissait la trêve, il s'occupa hâtivement de lever en Lorraine de nouvelles recrues, et aussitôt qu'il eut réussi à constituer une armée assez puissante, rompant l'armistice, il traversa la Meuse, marcha rapidement sur Attigny et de là contre Robert qui séjournait à Soissons. Il arriva sur l'Aisne le 14 juin. Le lendemain, un dimanche, vers la sixième heure, au moment où les hommes de Robert ne s'attendaient plus à être attaqués prenaient tranquillement leur repas, les Lorrains passèrent la rivière et une bataille décisive eut lieu dans la plaine voisine de l'abbaye de Saint-Médard de Soissons. Les troupes de Robert ralliées à la hâte se battirent avec l'énergie du désespoir. Le combat fut si violent que de part et d'autre les pertes furent considérables. Robert qui luttait vaillamment au plus fort de la mêlée, tomba frappé à mort par le comte Foubert, porte-enseigne royal, qui le reconnut à sa longue barbe, et il fut achevé par les lances de ses adversaires. Cette fin inattendue de «d'usurpateur» jeta le désordre dans les rangs de ses partisans, et la victoire du roi légitime semblait dès lors assurée quand parut, tout à coup, une armée conduite par Hugues le Grand et Herbert de Vermandois. Un changement complet s'opéra; les Lorrains lâchèrent pied et se retirèrent en désordre[49].

Charles était vaincu par les grands vassaux qui restaient unis dans leur rébellion, malgré la mort inopinée de leur chef. Il essaya cependant de se créer des intelligences parmi ses adversaires, espérant que leur obstination se trouverait peut-être brisée par la difficulté de remplacer Robert. Il envoya des messagers à Herbert, à Séulf et à quelques autres seigneurs pour les engager à le reconnaître de nouveau comme suzerain. Peine perdue. Les rebelles inébranlables persévérèrent dans leur ligue contre le Carolingien. Ils appelèrent à leur aide le duc de Bourgogne, Raoul, qui se décida à revenir en «France» à la tête d'une puissante armée (fin juillet).

Charles abandonné de ses plus puissants vassaux du nord, se tourna vers ses nouveaux sujets, les seuls qui parussent lui demeurer fidèles, les Normands. Il envoya des messages jusqu'à Rögnvald, qui dominait sur l'estuaire de la Loire. Les pirates se montrèrent immédiatement prêts à saisir un si beau prétexte pour recommencer leurs incursions et piller tout le plat pays.

Afin de les arrêter dès le début et de les empêcher d'opérer leur jonction avec Charles et les Lorrains, les grands vassaux vinrent s'établir sur les bords de l'Oise. Charles n'eut plus qu'à se retirer au delà de la Meuse[50]. Les rebelles profitèrent de cette nouvelle absence, comme l'année précédente, pour élire un roi de leur choix. On pouvait hésiter entre Hugues, fils du roi Robert et neveu du roi Eudes, Herbert de Vermandois, descendant du Carolingien Bernard d'Italie, et Raoul de Bourgogne, gendre de Robert, allié aux rois de Bourgogne et de Provence. Le chroniqueur Aimoin a donné plus tard des explications évidemment inadmissibles sur les causes qui amenèrent à écarter les deux premiers candidats, mais elles aident néanmoins à discerner des raisons plus plausibles[51]. Hugues avait été jusque-là un peu éclipsé par son père et son élection eût été un retour à l'hérédité en faveur d'une nouvelle famille royale. Herbert s'était toujours montré perfide, rapace, sans aucun respect pour les principes féodaux ou religieux de son temps; enfin il était en hostilité avec Baudoin de Flandre qui avait fait assassiner son père. Raoul se recommandait à la fois par la droiture de son caractère et par la puissance matérielle dont il disposait. Il était en excellents termes avec le clergé; récemment encore les moines fugitifs de Montiérender avaient trouvé un asile auprès de lui, en Bourgogne[52]. D'autre part les grands vassaux avaient absolument besoin de s'assurer son concours, sans lequel—on l'avait vu sous Richard le Justicier—ils ne pouvaient rien entreprendre contre le Carolingien; et ses domaines étaient suffisamment éloignés pour que Hugues et Herbert n'eussent pas à en prendre ombrage ni à craindre pour leur propre sécurité. Du récit de l'historien Raoul le Chauve (*Glaber*), postérieur de près d'un siècle, on peut inférer, avec une certaine apparence de vérité, que le choix fut hésitant, surtout entre Hugues et Raoul, et que l'intervention d'Emma, femme de Raoul et soeur de Hugues, finit par amener un accord[53].

Le dimanche 13 juillet 923, Raoul fut proclamé roi à l'unanimité par les grands réunis à Soissons, et couronné aussitôt à Saint-Médard par l'archevêque de

Sens, Gautier, ce «faiseur de rois», qui avait déjà consacré successivement Eudes et Robert[54].

Cependant les esprits superstitieux vivement impressionnés par la mort imprévue du «puissant marquis» Robert, sur le champ de bataille de Soissons, envisageaient cette catastrophe comme une sorte de «jugement de Dieu»[55]. L'archevêque Séulf réunit à Reims un synode des évêques de sa province, vers la fin du mois suivant (après le 27 août), pour examiner la situation. Les évêques de Cambrai, Laon, Noyon, Senlis et Soissons y assistèrent en personne. Il fut décidé qu'une pénitence générale serait imposée à tous ceux qui avaient pris part au combat impie où les deux rois s'étaient trouvés en présence. La pénitence devait durer trois ans. Pendant le premier carême, ils devaient s'abstenir d'entrer à l'église. Les vendredis, toute l'année, et, en outre, pendant le carême et les semaines précédant la Saint-Jean et la Noël, les lundis et mercredis, un jeûne très rigoureux (au pain, à l'eau et au sel) leur fut imposé[56]. Que ces prescriptions sévères n'aient pas été observées à la lettre, surtout par les seigneurs qui, sous prétexte de maladie ou de service d'ost, pouvaient s'en faire dispenser moyennant des aumônes, cela n'est point douteux; mais il n'en est pas moins vrai que ces mesures prises par le haut clergé du nord, pour fragiles qu'elles nous paraissent, sont curieuses à enregistrer, parce qu'elles décèlent la préoccupation bien nette d'empêcher une nouvelle guerre civile et le désir d'assurer pour l'instant le pouvoir à l'usurpateur Raoul, tout en laissant régner en paix le roi Charles sur ses provinces demeurées fidèles.

Une telle solution était bien difficile a obtenir avec le caractère du Carolingien et la turbulence des grands vassaux, sans cesse prêts à saisir la moindre occasion pour augmenter leur puissance aux dépens de leurs voisins.

L'élection de Raoul était l'oeuvre d'un parti peu nombreux. Les grands vassaux ecclésiastiques de France et même de Bourgogne suivaient à contre-coeur la détermination de leurs suzerains immédiats. La Normandie, la Bretagne et surtout l'Aquitaine restèrent théoriquement soumises à Charles, sans toutefois prendre les armes pour défendre sa cause. En Lorraine, le duc Gilbert se tenait sur la plus grande réserve: seul le comte Boson osa se déclarer pour Raoul, son frère. Quelques-uns des diplômes délivrés par Charles sont accordés à Guy de Girone qui se trouvait auprès de lui, en Rémois, au moment le plus critique de la guerre civile[57]. Ainsi la Marche d'Espagne restait fermement attachée au descendant de Charlemagne[58].

En réalité, sous le dévoûment apparent des grands vassaux du midi au roi Charles se cachait un profond sentiment d'égoïsme: tout en se donnant les allures de défenseurs de la légitimité dynastique méconnue,—en faveur de laquelle, du reste, ils se gardaient bien d'intervenir effectivement,—ils saisissaient l'occasion favorable pour fortifier et développer leur autonomie naissante. C'était la tactique habituelle des seigneurs méridionaux, dont plusieurs auraient été cependant de force à se mesurer avec un Herbert ou un Raoul. En dépit de leur prétendu loyalisme, ils avaient longtemps refusé de reconnaître Charles après la mort d'Eudes; ils agirent encore de même, plus tard, vis-à-vis de Louis d'Outre-Mer et de Lothaire, sans souci de la question de légitimité.

Les documents diplomatiques conservés permettent, par leurs dates, de donner un peu de précision à l'époque où Raoul fut reconnu dans les différentes régions de la France.

En Bourgogne, la reconnaissance eut lieu immédiatement. Dès le mois de novembre, l'évêque d'Autun Anselme fait une donation à son église «pour l'âme du roi Raoul», et le roi intervient dans l'acte afin de l'approuver et d'en fortifier l'autorité[59]. Il existe bien des lacunes dans la série des chartes de l'abbaye de Cluny qui concernent surtout les comtés de Mâcon, Châlon et Autun: ce n'est qu'en 924 que commence la série des actes datés de l'an du règne de Raoul. Cette série s'étend de la 2e à la 13e année[60]. Sens, dont l'archevêque Gautier avait couronné Raoul, dut être une des cités les plus favorables au nouveau roi. Il en fut probablement de même pour Dijon et Auxerre, leurs vicomtes étant en relations étroites avec la famille ducale[61].

Beaucoup de Lorrains prêtèrent, comme Boson, l'hommage à Raoul, dans l'automne de l'année 923. On le sait expressément pour Metz et Verdun. Toutefois le duc Gilbert et l'archevêque de Trèves Roger refusèrent de faire leur soumission[62].

L'archevêché de Reims était entièrement tombé sous la domination d'Herbert de Vermandois, qui empêcha Séulf de répondre aux démarches que Charles essaya de faire auprès de lui[63]. La province de Reims, le Vermandois, Amiens, Troyes, les comtés de Brie et de Provins reconnurent donc Raoul; le comte de Laon, Roger, et l'évêque de Soissons, Abbon, l'ancien chancelier de Robert, se rallièrent aussi à lui[64].

Les habitants des vastes domaines du «marquis» Hugues furent assurément des premiers à accepter le nouveau souverain. A Tours, par exemple, dès le 18 décembre 923, on datait des années du règne de Raoul[65]. Pour Chartres, il existe un acte de la 8e année de Raoul[66]; pour Saint-Benoît-sur-Loire, des chartes de la 2e et de la 10e année de Raoul[67]; pour Angers une charte privée de la 2e année et une donation du comte Foulques, de la 7e année[68]; pour Blois, nous possédons un diplôme de Raoul lui-même de l'année 924, délivré à Laon, sur la requête du comte «palatin» Thibaud[69]; enfin pour Paris une charte du vicomte Thion datée de la 3e année[70].

Les Normands demeurèrent fidèles au Carolingien: nous le savons par l'hostilité qu'ils déployèrent contre Raoul. Mais il ne subsiste aucune charte qui nous le confirme. La Bretagne en pleine anarchie subissait leur influence. Le cartulaire de Redon, si riche en actes du IXe siècle, ne fournit malheureusement aucune date intéressante pour le début du Xe siècle.

En Berry, nous avons déjà eu l'occasion d'en toucher un mot à propos de la prise de Bourges, Raoul dut être reconnu presque aussitôt, et Guillaume d'Aquitaine qui fit défection au début finit, on le verra, par se soumettre.

Le Poitou paraît être resté fidèle à Charles, d'après certains documents[71]; il y existe cependant des actes datés des années du règne de Raoul depuis la 1ère et la 3e jusqu'à la 11e[72] et l'évêque de Poitiers, Frotier II, s'assura de l'assentiment de Raoul en même temps que de celui de Guillaume Tête d'Étoupe, pour donner tous ses biens à l'abbaye de Saint-Cyprien[73]. Le Limousin hésite comme le Poitou dont il dépendait[74]. Vers 930 le vicomte de Turenne Adémar fit approuver son testament par le roi Raoul[75].

A Tulle, au contraire, on reconnut immédiatement le roi Raoul qui fut appelé, plusieurs fois à intervenir dans les réformes de l'abbaye Saint-Martin[76]. Les chartes sont échelonnées entre la 6e et la 13e année: elles ont donc bien 923 comme point de départ[77]. Dans le cartulaire de Beaulieu, les derniers actes de l'époque de Raoul sont datés de sa 10e année de règne[78]. Une charte de 932 (indiction 5) porte la 7e année du règne, ce qui nous ramène pour le début à l'année 925 ou 926. Il en est de même en Quercy, où une charte du vicomte de Cahors, Frotard, pour Aurillac, datée de 930, porte la 7e année du règne. Mais les chartes de l'abbaye de Moissac, allant jusqu'à la 11e année du règne, amènent à supposer un point de départ antérieur à 926[79]. Cela nous prouve qu'il y eut bien des erreurs dans ces calculs d'années, et on peut se demander si parfois on ne prenait pas l'an réel du règne, compté depuis l'élection ou le couronnement, sans tenir compte de la date de reconnaissance dans la région. Le duc d'Aquitaine Guillaume portait aussi le titre de comte d'Auvergne, et son frère Affré ou Effroi (*Acfredus*) était avoué de la célèbre abbaye de Brioude: tous deux furent des adversaires acharnés de Raoul. Quelques chartes gardent de curieuses traces de cet état d'esprit: le nom de Charles y est cité comme celui du roi légitime, tandis que Raoul est flétri comme usurpateur. Les actes de Brioude montrent que Raoul ne fut reconnu partout dans la région qu'entre décembre 926 et octobre 927[80].

A côté des pièces où Raoul est si malmené, la plupart des autres portent les dates de son règne et la série s'étend depuis juillet de la 1re année jusqu'en octobre de la 13e[81].

Les comtés de Velay et de Gévaudan dépendant de l'Auvergne suivirent la politique du duc d'Aquitaine.

Tels sont les pays où l'on ne fit pas une opposition systématique à Raoul, et où, sauf exceptions, on le reconnut avant même la mort du roi Charles. Dans le reste du royaume on persista à considérer le règne de Charles comme se poursuivant, et on continua même après sa mort, à compter les années de son règne: ainsi dans la Marche d'Espagne[82].

En Languedoc, le comte de Toulouse, Raimond-Pons, son frère Ermengaud, comte de Rouergue, et en Gascogne Loup Aznar ne firent leur soumission qu'en 932. De nombreuses chartes de Narbonne, Elne, Béziers, Nîmes, Rodez, Vabres et Conques constatent l'interrègne[83].

L'attitude des petits vassaux dont les fiefs secondaires n'ont pas été cités, faute de textes, dut se régler sur celle de leurs suzerains immédiats ou de leurs voisins puissants, autour desquels ils gravitaient.

Raoul devenu roi n'investit personne des fonctions de duc en Bourgogne. Il s'occupa toujours lui-même de ses domaines personnels, de son duché et de ses comtés d'Autun, d'Avallon et de Lassois[84]. C'était là qu'il trouvait le plus solide point d'appui de son pouvoir, car la royauté n'était plus guère qu'une ombre de souveraineté. Le domaine royal que Raoul avait recueilli était extrêmement restreint: quelques résidences dans le nord, comme Compiègne et Attigny, avec les palais de Laon et de Reims. Des biens du fisc il semble qu'il ne restait presque plus rien[85]. Aussi les ressources de Raoul furent-elles principalement dans son duché, et ses sujets bourguignons formèrent-ils toujours le noyau de son armée, que les contingents des grands vassaux venaient très irrégulièrement encadrer. Enfin c'est en Bourgogne qu'il séjourna de préférence quand la tâche compliquée et astreignante qui lui incombait le lui permit, et c'est là naturellement qu'il se rendit tout d'abord de Soissons, aussitôt après son sacre[86].

FOOTNOTES:

[Footnote 36: Nous employons ici ce terme dans son sens territorial restreint. Ainsi entendu, il désigne la *Francia*, au nord de la Seine, plus les domaines propres du *dux Francorum* compris entre Seine et Loire. Cf. Favre, *Eudes*, p. 228, et surtout Pfister, *Études sur le règne de Robert le Pieux (Bibl. de l'École des hautes-études*, fasc. 64, 1885), p. 131 et suiv.; P. Viollet, *Hist. des instit. polit. et admin. de la France*, I, p. 456.]

[Footnote 37: *Ann. Bertin.*, a. 862; Réginon, *Chron.* a. 878; Flodoard, *Hist. eccl. Rem.*, III, 19; Eckel, P. 1-2.]

[Footnote 38: Eckel, p. 85.]

[Footnote 39: Flod., *Ann.*, a. 920: «quem de mediocribus potentem fecerat [Karolus]»; *Hist. eccl. Rem.*, IV, 15; Richer, 1, 15.]

[Footnote 40: Flod., *Ann.*, a. 920.]

[Footnote 41: Il fut inhumé le 1er septembre à Sainte-Colombe de Sens, en la chapelle de Saint-Symphorien. *Ann. S. Benigni Divion. (M.G.h., Scr.*, V, 40); *Hist. Francor. Senon.* (ibid., IX, 366); *Ann. S. Columbae Senon.* (ibid., I, 104); *Chron. S. Petri Vivi Senon.* (Duru, *Bibl. hist. de l'Yonne*, II, 481); *Chron. S. Maxentii*, éd. Marchegay et Mabille, *Chron. des églises d'Anjou*, p. 375; Flod., *Ann.*, a. 921.]

[Footnote 42: Seine-et-Marne, arr. de Meaux, cant. de Lagny.]

[Footnote 43: Flod., *Ann.*, a. 922. Rohaut ne mourut que le 22 mars 925. Cf. *Obituaires de la province de Sens*, éd. A. Molinier et Longnon (*Recueil des historiens de France*, in-4), t. I, pp. xx, 254, 312 et 345.]

[Footnote 44: Flod., *loc. cit.*]

[Footnote 45: Flod., *Ann.*, a. 922; *Hist. Francor. Senon., Ann. S. Columbae Senon., Ann. S. Germani Parisiens., Ann. Lobienses, Ann. Masciacenses (M.G.h., Scr.*, IX, 366; I, 104; III, 167; XIII, 233; III, 170); Adémar de Chabannes (*Chron.*, III, 22, texte du ms. C², éd. Chavanon, p. 142) décrit la scène d'abandon du roi selon la forme «par jet de fétu». Richer (*Hist.*, I, 40-41) prête un rôle important en cette circonstance à Gilbert. Cf. A. Luchaire, *Hist. des instit. monarchiques*, 2e éd., I, p. 8; Fustel de Coulanges, *Hist. des instit. polit. de la France. Les transformations de la royauté pendant l'époque carolingienne*, p. 700.]

[Footnote 46: Flod., ibid. et *Hist. eccl. Rem.*, IV, 17,]

[Footnote 47: Flod., *loc. cit.*]

[Footnote 48: Flod., *Ann.*, a. 923]

[Footnote 49: Flodoard (*Ann.*, a. 923), Richer (*Hist.*, I, 45 et 46) et Folcuin (*Gesta abbat. Sith.*, c. 109, *M.G.h., Scr.*, XIII, 625) fournissent les détails du récit. La date est donnée par les sources suivantes: *Ann. S. Columbae Senon.; Hist. Francor. Senon.; Ann. S. Benigni Divion.*, a. 922 (*M.G.h., Scr.*, I, 104; IX,: 366; V, 40); *Necrol. Autissiodor.* (*Mém. concernant l'hist. d'Auxerre*, II, pr., p. 252); *Necrolog. beati Martini Turon.* (éd. Nobilleau, Tours, 1875, p. 25).—Hugues de Flavigny, *Chron. Virdun.*, a. 923, et Hugues de Fleury, *Modernorum Francor. reg. actus*, c. 3 (*M.G.h., Scr.*, VIII, 358, IX, 381), dérivent de Flodoard. Voy. aussi par ordre d'intérêt: *Miracula S. Benedicti*, I. II, c. 3; *Genealogiae Fasniacenses; Ann. S. Quintini Verom.; Ann. Lobienses* («Dei juditio Rothbertus Occubuit»); *Ann. Prum.* (id.); *Ann. S. Maximi Treverensis*, a. 923; *Ann. Virdun.*, a. 1001; *Ann. Laubienses et Leodienses*, a. 921; *Ann. Musciacenses*, a. 922 («rebellavit Rotbertus»); *Ann. S. Medardi Suession.*, a. 922; *Ann. Floriac.*, a. 917 (*M.G.h., Scr.*, IX, 375, XIII, 253, XVI, 507, XIII, 233, XV, 1292, IV, 6-8, 16, III, 170, XXVI, 320, 11, 254) et Widukind, I, 30 (éd. Waitz, p. 23) qui n'apportent aucun détail; Adémar de Chabannes (texte du ms. C), III, 22 (éd. Chavanon, p. 142) mentionne l'anecdote du comte Foubert, *signifer* royal; le *Conlin. Reginon.*, a.

922 (éd. Kurze, p. 156), fait périr Robert de la main de Charles; Odoran, *Chron.*, a. 922 (*Recueil des historiens de France*, VIII, 237), n'ajoute rien aux autres sources sénonaises citées; Rodulf. Glab., 1, c. 2. §6 et III, c. 9, §39 (éd. Prou, p. 8 et 88), fait mourir Robert dans une bataille livrée aux Saxons. Richer, avec son exagération habituelle, prétend que plus de 18.000 combattants restèrent sur le champ de bataille. Sur le caractère légendaire des récits de la bataille de Soissons, voy. Kalckstein, *op. cit.*, p. 482 (Excurs IV) et *Louis d'Outre-Mer*, p. 295.]

[Footnote 50: Flod., *Ann.*, a. 923.]

[Footnote 51: Aimoin, *Miracula S. Rened.*, II, 3 (éd. de Certain, P. 99).]

[Footnote 52: *Liber de diversis casibus coenobii Dervensis* (*Acta sanctor. ord. S. Bened.*, saec. II, p. 846).]

[Footnote 53: Rodulf. Glab., *Hist.*, I, 2 (éd. M. Prou, p. 7-8).]

[Footnote 54: Flod., *Ann.*, a. 923; *Ann. S. Medardi Suession.*, a. 922; *Ann. S. Columb. Senon.*, a. 923; *Hist. Francor. Senon.*, a. 922; Folcuin, *Gesta abbat. Sith.*, c. 101 (*M.G.h., Scr.*, XIII, 623); *Ann. Blandin.*, a. 925; *Ann. Floriac.*, a. 917 (*M.G.h., Scr.*, II, 24, II, 254). Cf. les sources angevines: *Ann. Vindocia.*, a. 921; Rainald. Andegav. *Ann.*, a. 921; *Ann. S. Florentii*, a. 920 (éd. Halphen, *Recueil d'annales angevines*, pp. 57, 84, 115). *Ann. Nivernenses*, a. 924 (*M.G.h., Scr.*, XIII, 89). Voy. aussi Godefroy, *Cérémonial* (2e éd.), t. 1, p. 413, et A. Luchaire, *Hist. des instit. monarchiques*, I, p.11.]

[Footnote 55: Même dans les *Miracles de saint Benoît*, écrits au coeur des possessions patrimoniales de Robert, on voit sa conduite à l'égard de Charles qualifiée de «nefaria temeritas» et même de «perfidia» (Lib. II, c. 3, éd. de Certain, p. 99). Le Continuateur de Réginon (*Chron.*, a. 922, éd. Kurze, p. 457) s'exprime aussi en ces termes: «Karolus tamen ori *sacrilego* Ruodberti ita lancea infixit, ut diffissa lingua cervicis posteriora penetraret.»]

[Footnote 56: *Concil. Rem.* (*Recueil des historiens de France*, IX, 324).]

[Footnote 57: *Recueil des historiens de France*, IX, 554-556, n° 87-89; *Marca Hispanica*, append., col, 842 et 843; *Hist. de Languedoc*, nouv. éd., V, p. 143, n° 46.]

[Footnote 58: Nous n'avons pas ici à retracer les tableaux de géographie historique féodale qu'on trouvera dans Eckel, p. 32 et suiv., Poster, *Robert le Pieux*, p. 130, Lot, *Fidèles ou vassaux*, passim, et, du même, *Études sur le règne de Hugues Capet*, p. 187 et suiv.]

[Footnote 59: *Gallia christiana*, XII, *instr.*, col. 485: «praedicto rege Rodulpho laudante et omni sua auctoritate corroborante».]

[Footnote 60: *Recueil des chartes de Cluny*, I (Paris, 1876), nos 231, 233 à 236, etc. Le n° 232 mentionne Robert comme roi, et le no 243 (juin 924) Charles le Simple. cf. aussi *Cartulaire de Saint-Vincent de Mâcon* (Mâcon, 1864), I, no, 8, 38, 310, 314, 480, 496, 501, et les diplômes de Raoul pour Autun, Châlon et Langres (*Recueil des historiens de France*, IX, 562-565, 569).]

[Footnote 61: *Vita S. Vicentii* (*Recueil des historiens de France*, IX, 131; *Acta Sanctor. Boll., Januar. 1*, P. 813); Duchesne, *Hist. généal. de la maison de Vergy*, I, P. 40.]

[Footnote 62: Flod., *Ann.*, a. 923.]

[Footnote 63: Flod., ibid.]

[Footnote 64: Flod., *Ann.*, a. 927.]

[Footnote 65: Mabille, *La pancarte noire de Saint-Martin de Tours* (Paris, 1866), n° 129.]

[Footnote 66: *Cartulaire de Saint-Père de Chartres*, I, n° 3.]

[Footnote 67: *Recueil des chartes de Saint-Benoît-sur-Loire*, publ. par M. Prou et Vidier (Paris, 1900) n° XL, XLI et XLII.]

[Footnote 68: *Cartulaire de Saint-Aubin d'Angers* publ. par Bertrand de Broussillon (*Doc. hist. sur l'Anjou*, I, 1903), n° XXXVI et CLXXVII; *Cartulaire noir de la cathédrale d'Angers*, publ. par le chanoine Urseau (ibid., V, 1908), n° 33.]

[Footnote 69: *Recueil des historiens de France*, IX, 566; *Gall. christ.*, VIII, *instr.*, 412; D. Noël Mars, *Hist. du royal monastère de Saint-Lomer de Blois*, publ. p. A. Dupré (Blois, 1869, in-8), p. 99. Ce diplôme concerne la cession de l'église Saint-Lubin au monastère et la translation des reliques de saint Calais. Sa forme est insolite; s'il n'est pas faux, il a été certainement refait. Cf. J. Depoin, *Études préparatoires à l'histoire des familles palatines*, dans *Revue des Études historiques*, année 1908, p. 578.]

[Footnote 70: R. de Lasteyrie, *Cartulaire général de Paris*, n°63.]

[Footnote 71: Besly, *Hist. des comtes de Poitou* (Paris, 1647), pr., p. 221 (charte d'Èbles pour l'abbaye de Noaillé, datée de la 26e année de Charles), 225 (charte d'Adelelmus pour Sainte-Radegonde avec la curieuse date suivante: «a, III regni Radulfi regis, Karolo cum suis infidelibus merite captus (sic)», orig., Bibl. nat., nouv. acq. lat. 2306, fol. 2); R. de Listeyrie, *Étude sur les comtes et vicomtes de Limoges antérieurs à l'an mil*, p. 114 et A. Richard, *Chartes de l'abbaye de Saint-Maixent (Arch. hist. du Poitou*, XVI, 1886), n° XI (charte ainsi datée: «Data in mense aprilis, anno XXX, quando fuit Karolus detentus cum suis infidelibus»); *Cartul. de l'abbaye de Saint-Cyprien de Poitiers*; (ibid., III, 1874), nos

236, 237, 240; *Documents de Saint-Hilaire de Poitiers* publ. p. L. Rédet (*Mém. de la Soc. des Antiquaires de l'Ouest*, XIV, 1847, n° XIV, année 26 de Charles).]

[Footnote 72: Besly, *op. cit.*, p. 237; *Chartes de Saint-Maixent*, nos X et XII; *Cartul. de l'abbaye de Saint-Cyprien de Poitiers*, nos 92, 124, 301, 337, 528. Une curieuse charte de l'abbaye de Noaillé (au diocèse de Poitiers) porte la date: «anno III Radulfi regis quando Karolus in custodia tenebatur». Baluze, *Capitular. reg. Francor.* II, append., col. 1532. La même formule se lit encore dans une charte de Saint-Hilaire de Poitiers (*Doc. de Saint-Hilaire de Poitiers*, loc. cit.), n° XV. Voy. aussi A. Richard, *Hist. des comtes de Poitou*, t. I (Paris 1903), p. 63-65.]

[Footnote 73: *Gall. christ.*, II, instr., col. 328; *Cartul. de l'abbaye de Saint-Cyprien de Poitiers*, nos 3 et 4.]

[Footnote 74: *Cartul. de Saint-Étienne de Limoges* (Bibl. nat. ms. lat. 9193), p. 125 154, 158 et 269.]

[Footnote 75: Baluze, *Hist. Tutelensis*, col. 338.]

[Footnote 76: Diplôme du 13 décembre 933 (*Recueil des historiens de France*, IX, 578)]

[Footnote 77: Baluze, *Hist. Tutelensis*, append., col. 323-365.]

[Footnote 78: *Cartulaire de l'abbaye de Beaulieu* (Paris, 1859), nos 38, 44, 48, 66, 72, 108, 144, 167; Justel, *Hist. généal. de la maison de Turenne* (Paris, 1645), pr., p. 9.]

[Footnote 79: Moulenq, *Doc. historiques sur le Tarn-et-Garonne* (Montauban, 1879), I, 291.]

[Footnote 80: *Cartulaire de Saint-Julien de Brioude*, éd. Doniol (Clermont-Ferrand, 1863), nos 39, 315, 327; *Cartul. de Sauxillanges*, éd. Doniol (ibid., 1864), no 13; Baluze, *Hist. généal. de la maison d'Auvergne*, pr., p. 19-21; *Capitular. reg. Francor.*, II, col. 1531, 1534. Cf. A. Bruel, *Essai sur la chronologie du cartulaire de Brioude* (*Bibl. de l'École des Chartes*, 6e série, t. II, 1866, p. 477.) Voici le texte de trois de ces dates: «VI. id. dec. anno IIII quo infideles Franci principem suum Karolum propria sede exturbaverunt et Rodulfum elegerunt, Rotberto interfecto.» (éd. Doniol, p. 330)—«v. id. oct. anno v. quando Franci deinhonestaverunt regem suum Karolum et contra legem sibi Radulfum elegerunt in regem.» (Bruel, *loc. cit.*, p. 495)—«mense octobrio, anno v regnante Rodulfo rege Francorum et Aquitanorum.» (éd. Doniol, p. 79),—Cf. J. Depoin, *Une expertise de Mabillon* dans *Mélanges et doc. publ. à l'occasion du 2e centenaire de la mort de Mabillon*, P. 138.]

[Footnote 81: *Cartul. de Brioude*, nos 2, 16, 104, 112, 153, 169, 186; *Cartul. de Sauxillanges*, nos 218, 774.]

[Footnote 82: *Marca Hispanica*, append., nos 70, 71; *Le règne de Louis IV d'Outre-Mer*, p. 306. Quelques chartes de cette région sont datées «après la mort du roi Eudes»]

[Footnote 83: *Hist. de Languedoc*, nouv. éd., V, nos 50 à 52, 55 a, 55b, 57 a 63; *Cartulaire de l'abbaye de Conques*, éd. G. Desjardins (Paris, 1879), nos 5, 92, 121, 143, 231, 291; Ménard, *Hist. de Nîmes*, I, pr., p. 19 (charte datée de l'année 30 de Charles, après la mort du roi Eudes). L'évêque d'Elne, Wadaldus, date une charte de 931: «Facta scriptura donationis sub die IIII. id. april. anno II. quod obiit Karolus filius Ludovici regis, Xpisto regnante et regem expectante» (Baluze, *Capitul.*, t. II, col. 1536).]

[Footnote 84: Sur le caractère et la nature du pouvoir ducal en Bourgogne, voy. Ch. Seignobos, *Le régime féodal en Bourgogne jusqu'en 1360* (Paris, 1882, in-8°), p. 156 et suiv.]

[Footnote 85: Sur les domaines possédés par Charles le Simple, voy. Eckel, p. 42.]

[Footnote 86: Flod., *Ann.*, a. 923.]

CHAPITRE III

LA CAPTIVITÉ DE CHARLES LE SIMPLE, LA GUERRE NORMANDE ET LA PERTE DE LA LORRAINE.

Le roi Charles ayant vu échouer ses démarches auprès de ses vassaux rebelles, se tournait du côté du roi de Germanie, Henri Ier, avec lequel il avait entamé, dès 921, des négociations bientôt interrompues par la révolte des grands. Il espérait que la nouvelle de la mort de son dangereux adversaire, Robert, déciderait peut-être Henri à traiter avec lui et même à lui procurer un secours effectif. Il envoya des députés en Germanie avec des présents, au nombre desquels se trouvaient des reliques de saint Denis considérées comme ayant une valeur inestimable. Henri accueillit bien les envoyés de Charles, mais ne promit nullement d'intervenir en sa faveur: il se borna à ne pas nouer de relations avec Raoul[87].

Là-dessus Charles reçut inopinément une députation d'Herbert de Vermandois, conduite par le propre cousin de celui-ci, le comte Bernard[88]. D'après Richer,[89] qui donne évidemment l'esprit du discours des envoyés, Herbert faisait déclarer à Charles qu'il ne s'était uni à ses ennemis que bien malgré lui, et que voyant à présent une occasion favorable pour tout réparer, il lui demandait de venir le joindre sans grande escorte, afin de n'éveiller aucun soupçon.

Charles, à bout de ressources, fut enchanté de ce revirement soudain d'un vassal puissant, qui l'avait aidé jadis. Il accueillit avec empressement la proposition inespérée des députés. Qu'on ne l'accuse point à la légère de faiblesse ou de simplicité. Il était très possible qu'Herbert, d'origine carolingienne et par là d'autant plus sujet à un retour de loyalisme, devenu mécontent ou jaloux de Raoul, voulût profiter du séjour de celui-ci en Bourgogne pour faire échec à un rival bien autrement dangereux qu'un suzerain affaibli. Au surplus, Bernard et ses acolytes étaient, dit-on, de bonne foi. S'ils trompèrent Charles c'est qu'ils avaient été trompés eux-mêmes par Herbert. Celui-ci aurait, dit-on, jugé préférable de laisser ignorer ses vrais desseins à ses propres créatures.

Charles prit donc le chemin de Saint-Quentin avec les députés du comte de Vermandois. A peine mis en présence d'Herbert, il fut appréhendé et conduit sous bonne garde au donjon de Château-Thierry. Quant aux gens de sa suite, trop peu nombreux pour résister, ils furent renvoyés sans être inquiétés[90].

Ce lâche guet-apens préparé par Herbert à son suzerain légitime, le descendant de Charlemagne, produisit une pénible impression sur les contemporains. L'écho s'en retrouve dans les textes relativement nombreux qui y font allusion. Les versions diffèrent sur la date de la capture (placée parfois avant l'élection de Raoul), sur l'ordre des séjours du roi dans ses prisons de Saint-Quentin, Château-Thierry et Péronne, mais elles sont toutes unanimes, même les plus brèves, pour flétrir en termes énergiques l'acte d'Herbert[91]. Il y avait là un abus trop injustifié de ruse perfide et de force brutale pour que, même en ce siècle de fer, l'opinion générale n'en fût point émue. On voyait recommencer pour Charles les humiliations de son aïeul Louis le Pieux. Aussi trouve-t-on appliquées à Herbert, dans les textes, les épithètes suivantes: «traître plein de perfidie, menteur le plus fourbe, le dernier des infidèles et des indignes, le plus mauvais des seigneurs français, l'instigateur de tous les maux»; la note dramatique ne manque pas dans plusieurs récits de sa mort, où l'on voit poindre l'idée d'un châtiment céleste exprimée par les circonstances légendaires dont ils sont agrémentés[92].

Les historiens modernes n'ont jamais essayé sinon de justifier la conduite d'Herbert, du moins de la concilier avec les pratiques tolérées alors par les usages entre belligérants. Il est clair, en effet, que si l'acte sans précédent du comte de Vermandois révoltait l'opinion—et on en relève la trace certaine— c'est qu'il était considéré comme un attentat brutal au droit de légitimité dès lors établi, un crime de lèse-majesté envers la personne sacrée du suzerain à qui fidélité avait été jurée. Comment se fait-il que des seigneurs puissants et indépendants comme Hugues le Grand et surtout Raoul de Bourgogne ne s'y soient pas opposés et n'aient pas contraint Herbert à se dessaisir de la personne de ce fantôme de roi, qui était plus redoutable pour eux entre les mains de l'intrigant comte de Vermandois qu'en liberté? Il y a là un de ces faits historiques difficiles à expliquer parce qu'ils résultent d'un concours extraordinairement complexe de circonstances et d'influences morales déterminant, dans les rapports politiques, une tension anormale qui aboutit presque fatalement à des mesures extrêmes. Il ne faut pas, toutefois, oublier qu'Herbert était arrière-petit-fils de l'infortuné Bernard d'Italie, la victime du bisaïeul de Charles le Simple, Louis le Pieux, entre les mains duquel il était tombé à la faveur d'un guet-apens analogue à celui qui nous occupe[93].

On peut se demander si Herbert II, imbu des traditions de famille si vivaces à cette époque, ne saisit point cette occasion pour la maison de Vermandois d'exercer son «droit de vengeance» sur la branche carolingienne régnante. Celle-ci l'avait évincée, en effet, de la succession à l'empire et ensuite frappée par un acte de sauvagerie inouï. Or le droit de vengeance privée est parmi les vieilles coutumes germaniques une de celles qui étaient les plus ancrées dans les moeurs au moyen âge, puisqu'on en trouve encore des traces jusqu'au XVe siècle[94]. Charlemagne en s'associant son second fils Louis le Pieux, au détriment de sa descendance aînée, avait causé de funestes rivalités dans sa famille[95].

On pouvait donc, dans l'entourage de Raoul, considérer l'attitude d'Herbert comme moins inique et on le faisait d'autant plus volontiers qu'on était fort satisfait d'avoir vu le comte de Vermandois accepter un suzerain bourguignon. Et Hugues le Grand, en outre, dont le père avait succombé en luttant contre Charles, ne pouvait être mécontent du sort d'un suzerain contre lequel il devait nécessairement nourrir des idées de revanche.

A côté de l'attentat commis sur la personne de Charles, il y a lieu de signaler la tentative qu'aurait faite Herbert pour s'emparer du jeune Louis, son fils, si l'on admet le témoignage de Richer. Dans un passage de la chronique de cet historien, le roi Louis rapporte lui-même, au concile d'Ingelheim (en 948), qu'il a été soustrait aux mains d'Herbert, caché dans une botte de foin par des serviteurs, et qu'ainsi il a pu gagner l'Angleterre avec sa mère Ogive, fille du roi anglo-saxon Édouard Ier l'Ancien[96]. Le récit de Richer ne mérite toutefois qu'une confiance très limitée. On y remarque une singulière confusion entre Hugues et Herbert, et on ne s'explique pas comment Ogive restée en Lorraine avec son fils aurait eu besoin de le cacher pour l'emmener en Angleterre, puisqu'elle n'avait pas à traverser les domaines du comte de Vermandois. Il faudrait supposer que celui-ci eût machiné quelque complot pour obtenir de se faire livrer l'enfant.

La famille de Charles comprenait encore, outre ce fils, quatre filles de sa seconde femme Frérone et quatre enfants naturels[97]. Leurs prétentions n'étaient nullement redoutables; ils ne furent pas inquiétés.

Herbert se rendit immédiatement après la capture de Charles, en Bourgogne, auprès de Raoul[98]. Il sentait la nécessité de se justifier aux yeux de celui-ci et de le gagner à sa politique. Bientôt, en effet, le pape Jean X intervint en faveur du roi déchu, probablement sous l'influence de l'empereur Bérenger qui s'était déjà montré favorable à Charles, en 921, lors de l'occupation de l'évêché de Liège. Jean X réclamait, sous menace d'excommunication, la réintégration de Charles sur le trône[99]. La mort de Bérenger, survenue le 7 avril 921[100], atténua sans doute le zèle du souverain pontife qui finit par s'incliner devant le fait accompli, lorsque plusieurs années de règne eurent affermi la souveraineté de Raoul.

Les Normands avaient pris les armes à l'appel de Charles. Ils entrèrent enfin en campagne. Le roi-de-mer Rögnvald, chef de la colonie scandinave qui depuis des années dominait sur l'estuaire de la Loire, mécontent sans doute des concessions illusoires que lui avait faites Robert[101] et obéissant d'ailleurs aux messages antérieurs de Charles, avait pris le commandement des Normands de Rollon établis sur les bords de la basse Seine, et fait irruption en «France», en passant l'Oise. Un premier échec que lui infligèrent les vassaux du comte de Vermandois, aidés de plusieurs seigneurs du nord de la France, les comtes Raoul de Gouy et Enjorren de Leuze[102], n'eut d'autre effet que de le pousser à de plus graves dévastations. Une nouvelle défaite qu'il essuya en luttant contre le comte d'Arras, Alleaume, le contraignit cependant à reculer. Les pillages n'en continuèrent pas moins. Hugues se décida enfin à demander assistance à son beau-frère le roi Raoul.

Celui-ci accourut à Compiègne, en plein pays envahi, avec ses troupes. Les contingents fournis par l'archévêque Séulf, par Herbert et les autres vassaux étant venus le joindre, il se sentit assez fort pour passer de la défensive à l'offensive. Il pénétra en Normandie, au delà de l'Epte, et par représailles ravagea tout le pays, en chassant devant lui les bandes pillardes[103]. Cette pointe hardie en avant démontrait à la fois la valeur militaire du nouveau roi et son désir bien arrêté de régner autrement que de nom. La lutte contre les Normands était assurément le meilleur moyen de s'attacher les populations qui avaient eu tant à souffrir des incursions des pirates, par suite de l'indifférence ou de l'impuissance apathique de certains rois carolingiens. Cependant Raoul ne pouvait s'attarder à pourchasser une poignée de brigands, quand la plupart des seigneurs lorrains, qui jusqu'alors avaient sans cesse lutté pour Charles, désespérant de sa cause, depuis sa captivité, envoyaient un message pour offrir de faire leur soumission. Il était urgent de répondre à leurs propositions conciliantes et avantageuses, si l'on ne voulait pas en perdre le bénéfice et voir ce pays échapper de nouveau à la France. Raoul réunit donc les grands vassaux qui l'entouraient pour prendre conseil, et il fut décidé que ceux-ci continueraient seuls la poursuite des fuyards tandis que lui-même se rendrait immédiatement en Lorraine[104].

Raoul s'arrêta d'abord sur la frontière, à Monzon. L'évêque de Metz Guerri vint l'y trouver et le décida à marcher avec lui sur Saverne[105], où le roi de Germanie Henri Ier avait laissé une garnison. Le siège dura une bonne partie de l'automne et se termina par la capitulation des gens d'Henri Ier qui, ne se voyant pas secourus par leur suzerain, comme ils y avaient compté, se résolurent à livrer des otages.[106]

En revenant à Laon, Raoul trouva la reine Emma qui, de sa propre autorité, venait de se faire consacrer reine par l'archevêque de Reims Séulf. Ce fait décèle à la fois l'ambition et l'esprit d'initiative de la fille du roi Robert[107]: sachant la vie de son mari en danger dans le voyage sur territoire lorrain, elle avait pris ses précautions pour être assurée de jouer un rôle en cas de malheur.

Un certain nombre de seigneurs lorrains, et non des moindres, avaient préféré se tourner du côté du roi de Germanie plutôt que de reconnaître celui qu'ils considéraient comme un usurpateur. Le duc Gilbert et l'archevêque de Trèves appelèrent Henri Ier en Lorraine: celui-ci accourut aussitôt et, passant le Rhin, commença le pillage du pays, comptant sur de nouvelles défections. L'effet produit fut tout le contraire: malgré la réputation d'inconstance des Lorrains, il n'y eut guère d'autre défection que celle d'Otton, fils de Ricoin, ennemi personnel de Raoul[108]. La nouvelle que le roi de France se disposait à marcher contre l'envahisseur avec une puissante armée, recrutée tant en

France qu'en Bourgogne, décida Henri à mettre son butin en sûreté sur l'autre rive du Rhin. Il se hâta de conclure avec les Lorrains un armistice jusqu'au Ier octobre de l'année suivante, emmenant avec lui de nombreux otages et des troupeaux entiers capturés entre Rhin et Moselle.[109]

L'influence française était prépondérante dans le pays, surtout vers la partie méridionale. Guerri de Metz s'empara de Saverne dont il fit raser le château-fort, et à la mort de l'évêque de Verdun, Dadon, Raoul donna l'évêché à un certain Hugues auquel Séulf conféra la prêtrise[110]. Les Lorrains paraissaient accepter avec un certain enthousiasme la souveraineté bourguignonne, qui pouvait leur sembler un acheminement vers l'autonomie et un retour à leur prépondérance éphémère de jadis, au temps du «royaume de Lothaire Ier».

Cependant Hugues et Herbert, secondés par l'archevêque de Reims Séulf, avaient protégé contre les Normands leurs domaines de la rive gauche de l'Oise au moyen d'une armée de couverture. Il n'y eut pas de rencontre décisive, mais des irruptions suivies de pillages, de chaque côté. On finit par entamer des pourparlers où les conditions d'une paix définitive furent discutées: on parla d'étendre à l'ouest le long de la mer, jusque vers le Cotentin, les limites du territoire concédé à Rollon, sur les deux rives de la Seine inférieure. Enfin un armistice fut conclu jusqu'au milieu de mai 924. Les Normands donnaient des otages, et en retour on achetait encore honteusement, comme par le passé, leur inaction, moyennant un lourd tribut. L'argent nécessaire devait être fourni à l'aide d'une sorte de taxe personnelle extraordinaire (*pecunia collaticia*)[111].

Pourquoi ce retour aux anciennes humiliations, après une campagne de début si brillante? Ce changement subit et un peu déconcertant au premier abord paraît dû à la nécessité où était Raoul d'en finir au plus vite avec la question normande pour se trouver complètement libre d'agir en Aquitaine.

Tout le Midi, à peu d'exceptions près, persistait dans son attitude hostile à l'égard du nouveau roi et refusait absolument de le reconnaître. Raoul n'entendait pas renoncer à ses droits de suzeraineté et il voulait profiter, dès le début, de son succès sur les Normands ainsi que du prestige que lui donnait la soumission inespérée de la Lorraine, pour entrer en contact avec les opposants et les contraindre par l'intimidation, ou au besoin par la force, à l'obéissance.

L'armée royale entra si soudainement en campagne que le duc d'Aquitaine, Guillaume II, eut à peine le temps d'organiser la résistance. Le roi était déjà en Autunois, suivi d'innombrables vassaux, et son avant-garde atteignait la Loire, quand Guillaume parut sur la rive opposée. Ainsi les deux adversaires étaient en présence, séparés seulement par le cours du fleuve. Une telle situation était celle qu'à cette époque on recherchait surtout pour les entrevues, par mesure de sécurité: des négociations commencèrent aussitôt.

Les émissaires faisaient la navette d'une rive à l'autre. Le soir venu, Guillaume se décida enfin, à la faveur de la nuit, à faire le premier pas pour hâter une solution. Muni d'un sauf-conduit, il passa le fleuve et se rendit à cheval au camp de Raoul. Celui-ci l'attendait également à cheval. Dès que Guillaume fut en présence du roi, il sauta en bas de sa monture, pour le saluer comme son suzerain, et Raoul lui répondit en lui donnant l'accolade. Ce cérémonial symbolique ratifiait l'échange préalable de promesses, et la conclusion définitive de la paix fut remise à une seconde entrevue qui eut lieu le lendemain. La condition mise par Guillaume à sa soumission était la restitution du Berry que Raoul avait occupé. Une suspension d'armes de huit jours fut décidée pour permettre aux Aquitains d'approuver cet accord, et au bout du délai, la paix fut conclue formellement et définitivement[112].

Raoul paraît alors avoir tenu à Autun, puis à Châlon, une véritable cour plénière, dont le rôle politique est certain, encore que nous n'en ayons point de preuves matérielles. La reine Emma était venu le joindre[113], avec un grand nombre de puissants feudataires français, l'archevêque de Reims, Séulf, les évêques de Troyes, Anseïs[114], de Soissons, Abbon (qui remplissait les fonctions de chancelier avec Rainard pour notaire), le marquis Hugues, le comte Herbert de Vermandois. Les vassaux bourguignons étaient naturellement au complet: le frère du roi, Hugues, les comtes Walon et Gilbert, fils du comte Manassès, les abbés de Saint-Martin d'Autun, Eimon[115], et de Tournus, Hervé[116], le prévôt de Saint-Symphorien d'Autun, Hermoud[117]. Plusieurs hauts personnages aquitains avaient en outre accompagné le duc Guillaume, par exemple l'évêque du Puy Allard[118]. Enfin on vit venir le régent du royaume de Provence pour l'empereur Louis l'Aveugle, Hugues, qui prit part aux discussions de cette sorte de plaid[119].

Tous ceux qui s'étaient montrés les premiers fidèles à Raoul reçurent des libéralités. Herbert eut Péronne, qui devint sa principale forteresse[120], Hugues reçut le Mans, Séulf obtint de Hugues de Provence, grâce à l'intercession royale, la restitution des domaines épiscopaux situés en Lyonnais, dont Hervé s'était vu dépouiller[121].

La présence de Hugues de Provence s'explique probablement par le désir de conjurer au moyen d'une bonne entente toute cause de conflit ultérieur avec le roi de France, à raison des prétentions possibles de ce dernier à la suzeraineté sur le royaume du sud-est: le mariage de Boson, frère de Raoul, avec la propre nièce de Hugues, Berthe, future comtesse d'Arles et d'Avignon, scella cet accord. La confirmation par Raoul des biens d'un monastère sis en Viennois et en Provence, à Vaison et Fréjus, ne prouve pas nécessairement qu'il ait revendiqué des droits sur ces pays, car souvent il arrivait qu'un abbé sollicitât de plusieurs souverains la confirmation de ses titres, afin d'en augmenter la force probante en cas de contestation[122].

Raoul ne distribuait pas seulement ses faveurs aux grands vassaux. Toute une série de diplômes de cette année 924, donnés en Bourgogne en faveur d'abbayes ou d'églises, nous sont parvenus. Le premier, pour Saint-Symphorien, est daté d'Autun même, le 29 février[123]; les suivants ont été donnés à Châlon-sur-Saône. Le 6 avril, Saint-Martin d'Autun obtenait la confirmation de ses privilèges, avec de nouvelles libéralités[124]. Le 8, l'évêque du Puy se faisait concéder, sur l'intervention de Guillaume d'Aquitaine, comte de Velay, les droits attachés au comté de la ville du Puy, notamment celui de battre monnaie[125]. Le 9 enfin, le monastère de Tournus obtenait confirmation de ses dépendances situées en Chalonnais[126].

Si Raoul était généreux envers ses vassaux fidèles, il se montrait par contre impitoyable à l'égard de ceux qui, par leur turbulence, suscitaient des querelles intestines. Le vicomte d'Auxerre, Rainard,—frère de l'ennemi du roi Robert, Manassès de Dijon,—qui avait si souvent molesté les évêques de sa cité, s'était permis, sans motif apparent, d'occuper la forteresse de Mont-Saint-Jean[127], et refusait de la rendre malgré toutes les sommations. Raoul intervint et confia le siège de la place à un groupe de seigneurs bourguignons au nombre desquels se trouvaient, avec son frère Hugues, les propres neveux du rebelle: Walon et Gilbert de Dijon. Ces derniers, au bout de quelque temps, purent décider leur oncle à envoyer son fils en otage au roi. Ils intervinrent ensuite auprès de Raoul, pour que celui-ci voulût bien recevoir Rainard et lui accorder un armistice. Le roi y consentit et s'éloigna, laissant pour surveiller la place ceux qui avaient échangé les serments d'usage avec Rainard. Puis un peu plus tard, dans le courant de l'année, il revint et força Rainard à abandonner Mont-Saint-Jean, dont il reprit possession[128].

En Lorraine aussi, des luttes féodales avaient éclaté. Gilbert se brouilla avec son beau-frère Bérenger, comte du *pagus Lommensis*, et son propre frère Renier; il ouvrit ensuite la lutte contre eux et le comte de Cambrai, Isaac, leur allié. Des pillages réciproques s'ensuivirent. Comme le roi de Germanie était retenu en Saxe par une invasion hongroise, Gilbert chercha à se rapprocher de Raoul pour en obtenir l'appui et envoya des députés lui annoncer sa soumission. Mais le caractère inconstant de Gilbert le rendait, au dire de l'historien Flodoard, si suspect et si odieux à Raoul, que celui-ci ne voulut tenir aucun compte de ces nouvelles propositions d'hommage. Un plaid réuni à Attigny décida même qu'une expédition serait faite en Lorraine pour soumettre les seigneurs qui n'avaient pas encore reconnu la suzeraineté du nouveau roi[129].Malheureusement, sur ces entrefaites, Raoul tomba gravement malade. Une amélioration passagère de son état fut suivie d'une rechute tellement violente qu'il se fit transporter dans un état presque désespéré à Saint-Remy, pour implorer l'assistance de l'apôtre des Francs. L'idée de ce pèlerinage est fort intéressante à examiner au point de vue psychologique: il est clair que Raoul doutait un peu de la légitimité de sa royauté et qu'il voulait calmer ses scrupules de conscience, en se mettant sous la protection du saint dont il considérait l'archevêque de Reims comme le mandataire, dans la cérémonie du sacre. Il est probable que l'exemple récent de la mort de Robert le hantait. Aussi disposa-t-il par testament de presque tous ses biens en faveur du monastère de Saint-Remy et de diverses abbayes de France et de Bourgogne, n'en réservant qu'une bien faible part à la reine Emma[130].

Au bout de quatre semaines, sa guérison était complète, mais il n'était pas encore suffisamment rétabli pour entreprendre une campagne en Lorraine. Henri l'Oiseleur était aussi, à son tour, tombé malade sur les frontières slaves, dans le courant de l'été. L'occasion eût été extrêmement favorable, mais Raoul avait encore besoin de repos. De Reims il se rendit d'abord à Soissons, puis en Bourgogne[131].

Avant son départ, il avait chargé Hugues, Herbert et Séulf de conclure la paix projetée avec les Normands. Ceux-ci profitèrent de l'incapacité de rien entreprendre, où se trouvait alors le roi, pour se montrer exigeants. Ils demandèrent à nouveau l'extension de leur fief «outre Seine» et Hugues dut se résigner à leur abandonner le Maine qu'il venait de recouvrer et le Bessin[132]. A ce prix ils consentirent à conclure une paix définitive ... au moins en apparence[133].

Vers ce temps-là, en octobre 924, un synode fut réuni à Trosly[134] pour juger le différend survenu entre le comte de Cambrai, Isaac, et son évêque Étienne. Isaac était allé jusqu'à prendre et incendier un château épiscopal. Le clergé rémois s'en émut, et le synode où furent admis plusieurs pairs laïques du comte de Cambrai, notamment le comte de Vermandois, contraignit Isaac à s'amender et à faire publiquement pénitence[135]. Quand les fonctions civiles et ecclésiastiques n'étaient pas réunies entre les mêmes mains, le clergé avait le plus souvent, grâce à sa discipline, le dernier mot dans la lutte contre les seigneurs, toujours rivaux entre eux.

Cette même année, une horde de Hongrois passa les Alpes, après avoir pillé l'Italie et brûlé Pavie (le 12 mars). Le roi de Bourgogne Rodolphe II et Hugues de Provence ne purent arrêter les envahisseurs, mais ils les harcelèrent en les suivant à distance et réussirent à les cerner un instant dans les défilés alpestres. Parvenus à s'échapper, les Hongrois passèrent le Rhône et se rendirent en Gothie. Une épidémie de dysenterie se déclara fort à propos dans leurs rangs, et le comte de Toulouse, Raimond-Pons III n'eut pas de peine à disperser et à achever les débris de leurs bandes[136].

Rögnvald, chef des Normands de la Loire, avait pris part aux expéditions conduites en France par les Normands de la Seine. La raison de cette hostilité persistante ne ressort pas clairement des textes, mais il semble bien que ce soit la non-exécution des promesses de cession du comté de Nantes et de la Bretagne faites par Robert en 921[137]. Celui-ci avait effectivement cédé ces pays à Rögnvald: or cette apparente libéralité n'avait pas eu de résultat. Il est évident qu'en abandonnant la Bretagne ou l'une de ses parties, Robert n'avait renoncé qu'à des droits théoriques contestables, puisqu'il ne possédait point ce pays, et sa mort survenue sur ces entrefaites avait achevé de réduire à néant la valeur problématique de ses promesses. La comparaison avec les Normands de la Seine qui, eux, avaient su non seulement obtenir mais accroître la donation de Charles le Simple, décida vraisemblablement la reprise des hostilités. Exclu des négociations grâce à l'habileté des seigneurs français, Rögnvald, mécontent de ses échecs successifs, voulut une revanche éclatante.

A la tête d'une nombreuse armée, il remonta le cours de la Loire en pillant la rive gauche du fleuve. Les deux seigneurs riverains, Hugues et Guillaume, craignant pour leurs possessions, entrèrent, chacun séparément, en pourparlers avec lui. Ces négociations sont obscures. Il semble que le viking se soit contenté d'exiger le libre passage à travers des pays déjà épuisés pour se rendre dans la riche Bourgogne, encore intacte, dont le duc-roi s'était montré naguère un ardent antagoniste des Normands de la Seine et avait porté la guerre sur leur territoire. Son but paraît avoir été de montrer à l'«usurpateur» Raoul que si les Normands de la Seine avaient accepté de déposer les armes, lui, Rögnvald, n'ayant point reçu satisfaction, n'était nullement disposé à imiter leur exemple, qu'il entendait faire chèrement payer sa retraite et que l'éloignement de la Bourgogne ne suffisait pas pour la mettre à l'abri des représailles normandes.

La témérité d'une pareille tentative explique peut-être la facilité avec laquelle Hugues et Guillaume laissèrent l'ennemi se diriger, sans l'inquiéter, sur la Bourgogne, en l'absence de Raoul, alors retenu dans la France du nord. Il est surprenant que ces deux puissants vassaux se soient résolus par égoïsme et indifférence, à laisser piller les domaines de leur suzerain. Il faut peut-être supposer une tactique de leur part pour tendre un piège aux Normands; sinon on ne pourrait y voir qu'une lâcheté contraire à leurs devoirs féodaux. On en jugera d'ailleurs par ce qui suivit.

Tandis que Rögnvald pénétrait dans la Bourgogne, pillant tout sur son passage, les comtes Garnier de Sens, Manassès de Dijon, avec les évêques Josselin de Langres et Anseïs de Troyes, prévenus peut-être sous main par le marquis Hugues, avaient rassemblé leurs vassaux. Ces seigneurs se portèrent à la rencontre des Normands qui se retiraient vers la France du nord, chargés de butin. Le choc eut lieu sur les confins du Gâtinais, à Chalmont, le 6 décembre. La lutte fut acharnée. Il s'agissait pour les Normands d'assurer leur retraite, et les Bourguignons étaient décidés à leur faire expier les ravages qu'ils avaient faits chez eux. Huit cents Normands restèrent, dit-on, sur la place. Du côté bourguignon, le comte Garnier ayant eu son cheval tué sous lui fut pris et mis à mort. Enfin l'évêque Anseïs, qui se battait vaillamment à la tête de ses gens, fut grièvement blessé. Le reste de l'armée normande continua vers le nord jusqu'aux rives de la Seine, puis s'arrêta pour camper, probablement dans la région voisine du confluent de l'École[138].

Dans l'intervalle, le roi Raoul complètement rétabli, mis au courant de ce qui se passait, n'avait pas perdu un instant. Ayant réuni à la hâte les vassaux de l'église de Reims, il les entraîna à sa suite avec l'évêque de Soissons, Abbon, quelques autres amis dévoués et même Herbert de Vermandois, qui resta prudemment à l'arrière-garde, toujours prêt à tirer parti des événements. Dès qu'il s'approcha de la Bourgogne, de nombreux hommes d'armes vinrent du duché remplir auprès de lui leur service d'ost. Il marcha avec ces forces directement vers le camp ennemi et un combat s'engagea aussitôt entre les fantassins des contingents français et les Normands, qui s'étaient avancés à leur rencontre. Pendant l'action, l'avant-garde française, la première ardeur passée, s'aperçut que le gros de l'armée qui entourait le roi ne bougeait pas et que personne n'y mettait pied à terre pour combattre. Les Normands, d'autre part, faiblissaient, après quelques pertes, et se trouvaient contraints de regagner leurs retranchements. L'avant-garde française se retira alors jusqu'à environ deux ou trois milles des lignes ennemies et s'établit en cercle d'investissement tout autour. D'autre part, Hugues était sur la rive opposée de la Seine et y avait pris position juste en face des Normands. La situation de ceux-ci semblait désespérée. On attendait seulement les bateaux qui devaient venir de Paris pour les attaquer de toutes parts et donner l'assaut à leur camp, même du côté du fleuve. La lutte promettait d'être décisive Rögnvald était pris au piège où sa témérité l'avait conduit. Mais les assiégeants perdirent trop de temps à attendre les navires parisiens qui ne venaient pas. Tout à coup le rusé Normand sortit de son camp sans être aperçu, parvint à traverser par surprise les lignes ennemies, où il avait pu pratiquer des intelligences, et gagnant une forêt voisine, réussit à s'évader avec tous les siens[139].

Ainsi Rögnvald sut éviter par un coup d'audace, que la lenteur des opérations des coalisés rendit possible, la sanglante défaite ou la honteuse capitulation à l'une ou à l'autre desquelles il paraissait irrémédiablement acculé. Et maintenant l'aventureux et habile viking gagnait rapidement les bords de la Loire, à travers la forêt d'Orléans, avec les survivants de ses intrépides guerriers, échappés comme par miracle du cercle de fer dont ils avaient été un instant entourés.

Les coalisés stupéfaits de la soudaineté de cette fuite ne se hasardèrent pas à poursuivre dans les bois un ennemi brave jusqu'à la témérité, satisfaits de lui avoir infligé de très sérieuses pertes et une terrible leçon.

Peut-être est-ce au cours de cette retraite mémorable que les sectateurs d'Odin pénétrèrent dans l'abbaye de Saint-Benoît-sur-Loire. Le continuateur d'Aimoin raconte, en effet, sans donner de date, que les moines s'enfuirent lors du passage de Rögnvald, emportant leurs précieuses reliques. Le récit des scènes de sauvagerie qui se déroulèrent dans le monastère pendant le séjour qu'y fit Rögnvald, celui de sa vision et du châtiment final qui l'atteignit à son retour, ont été consignés en termes émus dans les écrits monastiques[140]. On conserva longtemps, à Saint-Benoît, le souvenir de l'étrange abbatial du célèbre viking: on donna même son nom à une tête d'homme, en marbre, encastrée dans la muraille septentrionale de l'église[141].

La dislocation de l'armée des coalisés eut lieu rapidement. Elle était complète dès le mois de février. En mars, Gilbert de Lorraine entama des pourparlers avec les seigneurs français malgré son échec de l'année précédente[142]. Il eut une entrevue avec Herbert qui était l'âme de ces négociations, et celui-ci réussit à gagner de nouveau le marquis Hugues. Sur les instances de ces puissants vassaux, le roi Raoul consentit enfin à recevoir l'hommage de Gilbert. Il en fixa le lieu à Cambrai, au cours d'un plaid qu'il y devait tenir.

Pour des motifs inconnus,—peut-être des raisons de méfiance ou d'amour-propre,—les Lorrains ne parurent pas à Cambrai, et il fallut que Raoul s'avançât à leur rencontre jusqu'à la Meuse La cérémonie de l'hommage eut lieu sur les rives du fleuve, et Otton, fils de Ricoin, lui-même, l'ennemi de Boson, jura fidélité au frère de son adversaire. Seuls les archevêques de Trèves et de la cité lointaine de Cologne continuèrent de s'abstenir[143]. C'était la seconde fois depuis le commencement du siècle, qu'un roi de France recevait la soumission effective du duché de Lorraine.

Raoul dut presque aussitôt quitter précipitamment le pays. Les Normands de la Seine rompirent le traité conclu en 924, soit excités par Rögnvald lui-même, soit simplement désireux de venger une défaite normande par laquelle ils pouvaient se considérer comme moralement atteints, et ils profitèrent de l'absence momentanée de Raoul. Ils envahirent tout à coup l'Amiénois et le Beauvaisis. Amiens fut menacé, et bientôt un terrible incendie s'y déclara par suite de l'imprudence des habitants, trop pressés de fuir. Arras subit le même sort. A Noyon se produisit une véritable résistance: les bourgeois, avec l'aide des habitants du faubourg incendié, entreprirent une sortie qui leur valut la reprise d'une partie du faubourg[144].

Mais durant ces brigandages, le territoire des Normands, situé sur les rives de la Seine, fut tout à coup envahi, des deux côtés à la fois, par les habitants du Bessin et ceux du Parisis, vassaux de Hugues le Grand. Le Vexin et une partie du Roumois furent pillés et incendiés. Cette heureuse diversion produisit le résultat attendu. Les Normands retournèrent en hâte à la défense de leurs foyers. Herbert venait d'ailleurs d'apparaître sur les bords de l'Oise avec quelques cavaliers réunis à grand'peine, à cause de la rareté du fourrage, et il occupait une position fortement retranchée de manière à barrer à l'ennemi l'entrée de ses domaines.

Dans leur retraite, les Normands furent poursuivis et harcelés par le comte de Ponthieu Helgaud et d'autres seigneurs des régions côtières septentrionales[145].

En quittant la Lorraine, Raoul s'était rendu à Laon, où le 6 avril, sur la demande du comte Roger, il confirma à l'abbaye de Saint-Amand les donations de ses prédécesseurs[146], puis il avait gagné la Bourgogne: le 30 mai il s'arrêtait à Arciat, sur la Saône, avec Josselin, évêque de Langres, et le comte Manassès, pour renouveler les concessions de ses prédécesseurs à Saint-Bénigne de Dijon[147], et au mois de juillet, à Autun, où il concéda par la tradition du couteau, sur la demande de sa mère Adélaïde et de son vassal Unizon, le fief de son fidèle Adon aux chanoines de Saint-Symphorien d'Autun, pour le donner en précaire à son fidèle Aldric[148].

Il se hâta de réunir ses vassaux bourguignons, que l'idée d'une revanche contre les Normands devait nécessairement séduire, et il proclama le ban et l'arrière-ban, c'est-à-dire la levée en masse, par toute la France, de manière à porter un coup décisif aux anciens pirates, voisins turbulents, encore peu accoutumés à la vie sédentaire. Cette fois de nombreuses recrues vinrent des pays maritimes du nord: les comtes Helgaud de Ponthieu, Allou de Boulogne et à leur tête Arnoul, marquis de Flandre. Herbert amena les vassaux de l'église de Reims qu'il commandait[149]

Cependant Rollon avait pris des mesures pour résister à l'invasion de ses domaines, en renforçant de mille hommes envoyés de Rouen la place d'Eu, située près de la mer, aux extrêmes confins septentrionaux. C'est en effet sur ce point que se concentrèrent les premiers efforts de l'attaque. D'après Richer, le roi Raoul dirigeait en personne les combattants[150]. Les ouvrages avancés furent vite enlevés et les murs d'enceinte pris d'assaut. Enfin le château fort lui-même tomba au pouvoir des Français. Ceux-ci avides de vengeance et décidés à mettre fin, par un exemple, aux entreprises de leurs infatigables adversaires, incendièrent la place et passèrent au fil de l'épée toute la population mâle. Quelques Normands parvinrent toutefois à s'échapper et se réfugièrent dans une petite île de la Brêle, voisine du rivage. Les Français les y poursuivirent, s'emparèrent de l'île avec plus de peine encore que de la place d'Eu et commencèrent un nouveau massacre. Les derniers survivants, perdant tout espoir, après avoir défendu vaillamment leur vie, se jetèrent à l'eau: plusieurs furent engloutis par les flots et ceux qui nagèrent jusqu'à la terre ferme furent tués en abordant au rivage. Plusieurs enfin voyant qu'on ne leur faisait point quartier se donnèrent eux-mêmes la mort, selon la coutume scandinave, pour ne pas tomber aux mains de l'ennemi[151].

L'extrême férocité de cette guerre s'explique par l'état d'exaspération où en étaient arrivées des populations si longtemps éprouvées par les fureurs dévastatrices d'un ennemi rapace, cruel et insaisissable. La conquête de Rollon était sérieusement menacée. Les Français à leur tour s'emparèrent d'un énorme butin, mais ils ne poussèrent pas plus avant. Raoul établit son camp en Beauvaisis avec les Bourguignons et le marquis Hugues, de manière à protéger le pays contre tout essai de revanche[152].

À quelque temps de là, vers la fin d'août, Hugues, de retour à Paris, conclut avec les Normands un accord, dans le genre de celui de 924, afin d'assurer l'intégrité de ses domaines: il avait à craindre des représailles contre les habitants du Bessin et du Parisis. Personne ne devait être bien sincère dans ces négociations. Hugues ne pouvait se méprendre sur les intentions des Normands: ils voulaient s'assurer le calme dans leurs foyers pour exercer leur vengeance contre Arnoul de Flandre, Helgaud et les Français du nord dont ils avaient eu tout particulièrement à souffrir dans la dernière affaire. Ils stipulèrent donc que les domaines des fils de Baudoin II le Chauve, Arnoul de Flandre et Allou, comte de Boulogne-Térouanne, de Raoul de Gouy et d'Helgaud de Ponthieu, resteraient en dehors de l'arrangement. Ils n'avaient pas eu de peine à ranimer la rivalité latente entre Hugues de France et les puissants feudataires flamands, arrière-petits-fils de Charles le Chauve par leur grand'mère paternelle Judith, mais il était évident qu'aussitôt après l'expédition projetée contre ces derniers, viendrait le tour des vassaux du duc de France[153].

La défaite des Normands à Eu, suivant de près l'échec de Rögnvald à Chalmont, fit renaître un peu de confiance parmi les populations. Les communautés monastiques, qui s'étaient enfuies devant les envahisseurs, reprirent avec leurs reliques, le chemin de leurs monastères abandonnés: ainsi les moines de Saint-Maur-des-Fossés[154] et de Saint-Berchaire ou Montiérender[155]. Les premiers étaient déjà revenus du Lyonnais vers le 23 août. Raoul avait témoigné une bienveillance toute spéciale à l'égard des moines de Montiérender, en leur accordant asile et protection dans son duché. Il s'était assuré ainsi leur appui, qui lui avait déjà servi lors de son élévation au trône; et en les rapatriant, il acquit de nouveaux titres à leur reconnaissance.

Tandis que la lutte contre les Normands était poussée avec vigueur, le roi de Germanie, Henri, franchissant le Rhin, avait enlevé de vive force aux hommes de Gilbert la forteresse de Zülpich et s'était bientôt retiré après s'être fait livrer des otages par le duc[156]. De retour en Lorraine, vers la fin de l'année, il parvint à décider tous les feudataires à lui prêter l'hommage[157]. Seul l'évêque de Metz, Witger, fit quelque résistance, mais il fut contraint par la force à se soumettre[158].

Le propre frère de Raoul, Boson, fut obligé de faire comme les autres et de reconnaître la suzeraineté du roi de Germanie. À Verdun l'évêque Hugues, installé par Raoul, dut céder son poste à Bernoin, neveu de l'évêque Dadon: ce remplacement ne pouvait être qu'agréable aux Lorrains, puisque Bernoin appartenait à une famille indigène[159].

Le changement si subit survenu en Lorraine, à la suite de la prise de Zülpich, un an à peine après une soumission en apparence définitive, doit s'expliquer par l'absence trop prolongée du roi et son incapacité, en face du péril normand, d'affermir son pouvoir en un pays où le régime féodal, déjà fortement implanté, rendait toute souveraineté presque illusoire, où toute menace un peu sérieuse devait nécessairement amener des défections.

Ces événements arrivés avec une rapidité prodigieuse décidèrent pour un certain temps du sort de la Lorraine. Désormais le nom du roi de Germanie apparaîtra d'une façon constante dans les dates des actes passés en la région. Il ne faudrait pas, cependant, aller jusqu'à dire, comme on l'a fait[160], que la Lorraine est dès lors, sous Gilbert, fils de Renier Ier et gendre d'Henri Ier, un «duché allemand» rattaché pour de «longs siècles» à la Germanie. Les événements du règne de Louis d'Outre-Mer et de Lothaire donnent un démenti à ces généralisations un peu trop absolues.

Au moment où Raoul aurait eu besoin de toute sa liberté pour agir au dehors, son attention fut retenue par l'affaire de l'archevêché de Reims, qui devait être par la suite grosse de conséquences au point de vue de la situation intérieure du royaume. Séulf vint à mourir subitement le 1er septembre 925, et le bruit courut qu'il était victime du poison du comte de Vermandois[161]. Il avait, en effet, commis l'imprudence de promettre sa succession au plus jeune des fils d'Herbert, Hugues, un enfant en bas âge. Séulf laissait le souvenir d'un homme de haute valeur intellectuelle: disciple du célèbre Remy d'Auxerre, il était versé dans toutes les connaissances de son temps[162]. Il avait reçu du pape confirmation de ses prérogatives métropolitaines, et s'était montré fort apte à remplir les multiples devoirs de prélat féodal, tout ensemble ecclésiastiques et laïques: ainsi il avait fortifié Saint-Remy en même temps qu'embelli la cathédrale de Reims[163], et plus d'une fois, quittant l'office, s'était mis à la tête des vassaux de l'église pour les conduire à l'ost du roi. Quoique tombé sous la dépendance d'Herbert, dès la première année de son pontificat, il avait toujours fait montre d'un loyalisme à toute épreuve envers Raoul.

Aussitôt la nouvelle connue, Herbert parut à Reims, où il avait des intelligences parmi les vassaux et les clercs du diocèse. Grâce à l'appui de l'évêque de Soissons, Abbon, et à celui de l'évêque de Châlons, Beuves, il fit élire comme successeur désigné de Séulf, Hugues, son fils, âgé de cinq ans à peine, puis il alla trouver Raoul, en Bourgogne, et se fit charger par lui de l'administration intérimaire du temporel de l'archevêché[164]. Le roi avait mis comme première condition à son assentiment le respect des personnes et des biens de l'évêché, et s'était refusé à reconnaître Hugues comme régulièrement intronisé, tant qu'il n'aurait pas atteint l'âge nécessaire pour recevoir l'ordination canonique. Abbon se rendit à Rome, afin de solliciter du pape Jean X son approbation générale pour les actes d'Herbert, et pour lui-même l'investiture provisoire des fonctions archiépiscopales, en qualité de vicaire. Il l'obtint[165]. Tout cédait devant l'habileté puissante du comte de Vermandois. Il y eut cependant quelques mécontents. L'historien Flodoard fut de leur nombre et cela lui coûta la prébende qu'il avait reçue de l'archevêque Hervé. D'autres récalcitrants furent traités encore plus mal. Herbert n'hésita pas à user de violence, même vis-à-vis du clergé, et deux ecclésiastiques furent tués par ses gens au cours des troubles, dans le cloître des chanoines[166].

D'autre part, les Normands ne tardèrent pas à vouloir tirer vengeance de l'effroyable massacre d'Eu. Ils ravagèrent avec leur flotte le littoral du Boulonnais, concentrèrent une nouvelle armée et envahirent l'Artois. Raoul se tenait encore sur ses gardes. Il opéra sa jonction avec Herbert et les seigneurs des régions côtières du nord, et réussit à cerner l'ennemi non loin, semble-t-il, de Fauquembergue[167]. Malheureusement l'armée française avait été obligée de se diviser. Une nuit les Normands, à la faveur de l'obscurité, sortirent soudain du défilé boisé, où ils se trouvaient enfermés, et vinrent fondre à l'improviste sur le camp royal. Plusieurs tentes furent brûlées et le roi faillit être pris. Herbert, qui campait à quelque distance, sut accourir juste à point pour témoigner un dévoûment intéressé à son suzerain, et les agresseurs furent repoussés après une lutte acharnée, où ils laissèrent onze cents morts sur la place. Les Français de leur côté furent grandement éprouvés: le vaillant comte de Ponthieu, Helgaud, périt dans la mêlée, et le roi Raoul lui-même grièvement blessé fut contraint de regagner Laon. Malgré leur échec, les Normands purent ainsi pousser leurs dévastations jusqu'aux confins de la Lorraine, en Porcien[168].

Vers le même temps, aux environs de Pâques, les Hongrois rôdaient près de là, dans le pays de Voncq[169], où ils auraient pu se rencontrer avec les Normands. A leur approche, les habitants et le clergé désertaient les campagnes, les moines cherchaient avec leurs reliques un refuge à l'abri des murailles romaines des cités épiscopales de Metz, Toul et Reims, ou encore dans des lieux inaccessibles, fortifiés par la nature. Ainsi furent portées à Reims les reliques de saint Remy et de sainte Vaubourg d'Attigny. Les Hongrois jetèrent dans l'est la même terreur que les Sarrasins dans le midi ou les Normands dans l'ouest: le pillage des riches monastères et des campagnes florissantes, jusque-là épargnés, fut considéré par les populations comme un châtiment céleste [170].

Les difficultés s'étaient accumulées autour de Raoul avec une incroyable rapidité. Lui blessé, et par conséquent condamné pour un temps assez long au repos, les Normands et les Hongrois livraient au pillage les environs de Laon et de Reims. Enhardi par les embarras d'un suzerain qu'il n'avait reconnu que contraint et forcé, le duc d'Aquitaine fit défection. Un de ses frères, probablement Affré, se jeta sur Nevers et y prit une attitude telle que Raoul, craignant pour son duché de Bourgogne [171], se hâta de transiger avec les Normands: il leur acheta la paix moyennant une forte indemnité réunie à l'aide d'un impôt spécial (*exactio pecuniae collaticiae*) levé sur la France septentrionale et la Bourgogne. Les Hongrois disparurent heureusement, aussi vite qu'ils étaient venus.

A peine remis de sa blessure, Raoul prit le commandement d'une armée franco-bourguignonne, et, accompagné d'Herbert de Vermandois, se dirigea sur Nevers. Il ne s'y attarda pas, se bornant à se faire livrer des otages [172], car son objectif était avant tout la soumission de Guillaume d'Aquitaine. Il pénétra sur les domaines de ce dernier et le harcela sans trêve, jusqu'à ce que la nouvelle d'un retour offensif des Hongrois vint le contraindre à se replier sur son duché. Ces envahisseurs passaient avec la rapidité d'un ouragan. Il était presque impossible de les atteindre pour les combattre: pendant deux années consécutives ils reparaissent, sans qu'il soit question d'une seule rencontre dans les textes [4].

Raoul séjourna le 10 décembre à Sens, où à la prière du comte de Troyes, Richard, et de l'évêque Anseïs, il confirma les privilèges et possessions de l'abbaye de Montiéramey[174].

Il traversait une période d'échecs. Un mariage de son beau-frère Hugues lui profita plus que ses expéditions indécises: le duc de France épousa Eadhild, fille d'Édouard Ier l'Ancien, roi des Anglo-Saxons, la propre soeur d'Ogive, femme de Charles le Simple[175]. Cette alliance avait certainement un caractère politique: Hugues, par cette union princière, se posait nettement en rival d'Herbert pour recueillir la succession éventuelle de Raoul. L'appui des Anglo-Saxons lui était désormais assuré et par suite, à Raoul, contre Herbert, le geôlier de Charles le Simple. Dans une curieuse précaire du chapitre de Saint-Martin de Tours, où l'on voit paraître à la fois l'abbé Hugues et sa soeur la reine Emma, la date donnée d'après le calcul des années du règne de Raoul porte la mention de la captivité de Charles[176]. Il semble que ce soit là l'indice d'une détente et d'un revirement en faveur du Carolingien.

FOOTNOTES:

[Footnote 87: Widukind, *Rev. gestar. saxonicar.*, 1. I, c. 33 (éd. Waitz, p. 26). On peut se demander si les reliques de saint Denis, dont il est ici question, ne sont pas à identifier avec celles qui ont été conservées à Saint-Erameran de

Ratisbonne au XIe siècle. Cf. Lauer, *Le trésor du Sancta Sanctorum* (*Monuments Piol* publ. par l'Acad. des Inscr., t. XV, 1906, p. 126).]

[Footnote 88: Il s'agit peut-être du comte de Senlis de ce nom, qu'on voit figurer dans le *De Moribus* de Dudon de Saint-Quentin, précisément avec un rôle de diplomate. Voy. *Le règne de Louis IV d'Outre-Mer*, p. 5, n. 2.]

[Footnote 89: Richer, *Hist.*, 1, 47.]

[Footnote 90: Les rares détails que nous ayons sont fournis par les sources suivantes: Flod., *Ann.*, a. 923; Richer, I, 47; Rodulf. Glaber, I, 1, § 5 (éd. Prou, p. 6-7); Folcuin, *Gesta abbat. Sith.*, c. 101 (*M.G.h., Scr.*, XIII, 625-626). La légende apparaît dans l'*Hist. Walciodor. mon.*, c. 5 (ibid., XIV, 507), et Jocundus, *Translatio S. Serratii*, c. 14 (ibid., XII, 99). Les autres textes mentionnent le fait en l'appréciant parfois sévèrement. Ce sont, dans l'ordre de publication des *Monumenta Germaniae historica: Domus carolingicae genealogia; Ann. S. Maximi Trerer.*, a. 923; *Ann. Laubiens.*, a. 922; *Ann. Leod.*, a. 922; *Ann. Elnon. min.*, a. 922; *Ann. Blandin.*, a. 922; Hugues de Flavigny, *Chron.; Genealogia comitum Buloniensium; Hist. Francor. Senon.; Miracula S. Benedicti*; Hugues de Fleury, *Modernor. reg. actus*, c. 3; *Ann. Lobienses*, a. 924; *Genealogiae Karolorum; Ann. Prum.*, a. 923; *Ann. S. Quintini Verom.*, a. 923; Aubry de Trois-Fontaines, Chron. (*M.G.h., Scr.*, II, 312, IV, 6, 16; V, 19 et 25; VIII, 358; IX, 300, 366, 375, 381; XIII, 232, 247, 251, 252; XV, 1292; XVI, 507; XXIII, 757). Citons encore pour mémoire: Odoran, Chron. (*Recueil des histor. de France*, VIII, 237); *Magnum et Breve Chron. Turon.*, a. 922 (éd. Salmon, p. 110 et 184). Widukind (I, 29) fait une confusion en attribuant à Hugues la prise de Charles. Cf. Thietmar, I, 13 (*M.G.h., Scr.*, III, 741).]

[Footnote 91: *Ann. Einsidlenses* (*M.G.h., Scr.*, III, 141); *Ann. Floriac. breves* (ibid., XIII, 87); *Breve Chron. Tornacense* (*Recueil des historiens de France*, VIII, 285), etc. Voy. la note précédente.]

[Footnote 92: Voy. *Appendice* et *Le règne de Louis IV d'Outre-Mer*, p. 94.]

[Footnote 93: Rappelons brièvement les circonstances: Pépin d'Italie, fils aîné de Charlemagne, laissa un fils, Bernard, qui revendiqua l'empire contre son oncle Louis le Pieux. Au moment où ce dernier marchait sur l'Italie pour le châtier, des émissaires envoyés par l'impératrice Ermenjart persuadèrent à Bernard de passer en France en lui promettant sous serment toute sûreté pour sa personne. Bernard, suivi de ses complices, alla trouver l'empereur à Châlon-sur-Saône et implora à genoux son pardon. On le conduisit à Aix-la-Chapelle, où son procès fut instruit et jugé. Bernard fut condamné à mort, mais Louis commua la peine en privation de la vue. Ce terrible arrêt fut exécuté si brutalement que trois jours après Bernard expira (le 17 avril 818) à 19 ans, laissant un fils, Pépin, qui fut père d'Herbert Ier, comte de Vermandois.]

[Footnote 94: G. Valat, *Poursuite privée et composition pécuniaire dans l'ancienne Bourgogne* (Dijon, 1907, in-8°); Ch. Petit-Dutaillis, *Les moeurs populaires et le droit de vengeance dans les Pays-Bas au XVe siècle* (Paris, 1909, in-8°).]

[Footnote 95: Ce sont peut-être aussi ces droits éventuels de la maison de Vermandois à l'empire qui ont empêché le roi de Germanie de soutenir la candidature d'Herbert II au trône.]

[Footnote 96: Richer, *Hist.*, II, 73 (éd. Waitz, p. 75): «Me vero parvum in fasciculo farraginis a meis dissimulatum in partes transmarinas et prope in Rifeos fugere compulit.»]

[Footnote 97: Witger, *Geneal. Arnalfi* (*M.G.h.*, *Scr.*, IX, 303). Voy. *Le règne de Louis IV d'Outre-Mer*, p. 10.]

[Footnote 98: Flod., *Ann.*, a. 923.]

[Footnote 99: Flod., *Ann.*, a. 928; *Hist. eccl. Rem.*, IV, 21; Richer, I, 54.]

[Footnote 100: Flod., *Ann.*, a. 924; *Necrolog. Modiciense*; Liudprand, *Antapodosis*, II, 71 (éd. Dümmler, p. 52, n. 2).]

[Footnote 101: Voy. plus haut, p. 2.]

[Footnote 102: Voy. Flod., *Ann.*, a. 923, éd. Lauer, p. 15, n. 4 et p. 46, n. 1.]

[Footnote 103: Flod., *Ann.*, a. 923.]

[Footnote 104: Flod., ibid.]

[Footnote 105: L'Alsace faisait encore partie du royaume de Lorraine. Cf. Parisot, *Le royaume de Lorraine*, p. 592-593.]

[Footnote 106: Flod., ibid.]

[Footnote 107: Flod., ibid.; Hugues de Flavigny, *Chron.*, a. 923 (d'après Flodoard).]

[Footnote 108: C'est le propre frère de Raoul, Boson, qui avait tué Ricoin malade dans son lit, le 14 mars 923, pour s'emparer de Verdun. Parisot, *Le royaume de Lorraine* (Paris, 1899), pp. 663 et 667. Le 19 septembre 923, Raoul était encore reconnu comme roi à Toul, ainsi que le prouve une charte de l'évêque Josselin (*Mém. de la Soc. d'archéol. lorr.*, XII, 133; Parisot, *op. cit.*, p. 662, n. 5); mais il résulte d'une autre charte du même qu'Henri Ier, y fut reconnu entre le 16 octobre 923 et le 14 octobre 924 (Bibl. de Nancy, ms. 77, fol. 42; Calmet, *Hist. de Lorraine*, 1re éd., I, pr., col. CCCXIV). Cf. J. Depoin, *Études sur le Luxembourg à l'époque carolingienne* (extr. de *Ons Hemecht*, année 1909).]

[Footnote 109: Flod., *Ann.*, a. 923.]

[Footnote 110: Flod., ibid.]

[Footnote 111: Flod., *Ann.*, a. 923.]

[Footnote 112: Flod., *Ann.*, a. 924.]

[Footnote 113: Elle intervient dans un diplôme du 6 avril 924 en faveur de Saint-Martin d'Autun. Bulliot, *Essai hist. sur l'abbaye de Saint-Martin d'Autun* (Autun, 1849), I, p. 164; 11, p. 24, no 10.]

[Footnote 114: Il figure comme impétrant avec Adson dans un diplôme du 29 février 924, en faveur de Saint-Symphorien d'Autun. Thiroux, *Hist. des comtes d'Autun*, p. 118.]

[Footnote 115: Cf. Bulliot, *loc. cit.*]

[Footnote 116: Chifflet, *Hist. de l'abbaye de Tournus*, p. 275; Poupardin, *Monuments de l'histoire des abbayes de Saint-Philibert* (Paris, 1905, in-8), p. 120, no 27.]

[Footnote 117: Cf. Thiroux, *loc. cit.*]

[Footnote 118: *Hist. de Languedoc*, nouv. éd., V, p. 146, n° 49.]

[Footnote 119: Flod., *Ann.*, a. 924. Diplômes de Raoul datés d'Autun, le 29 février, et de Châlon, les 6, 8 et 9 avril 924. *Recueil des historiens de France*, IX, 562-565.]

[Footnote 120: Flod., *loc. cit.*; Em. Coët, *Hist. de la ville de Roye*, t. I, p. 32.]

[Footnote 121: Flod., *Ann.*, a. 924.]

[Footnote 122: Diplôme du 6 avril 924. *Recueil des historiens de France*, IX, 563; Bulliot, *Essai sur l'abbaye de Saint-Martin d'Autun*, I, 164; II, 24. Sur le mariage de Boson, voy. G. de Manteyer, *La Provence du premier au douzième siècle* (Paris, 1908, in-8), p. 158-159; Poupardin, *Le royaume de Bourgogne*, p. 59, 69 et 282, n. 5; du même, *Le royaume de Provence*, p. 232, 240, 338 et 394.]

[Footnote 123: *Recueil des historiens de France*, IX, 562; *Gall. christ.*, IV, instr., 372; Thiroux, *loc. cit.*]

[Footnote 124: *Rec. des histor. de Fr.*, IX, 563, et Bulliot, *loc. cit.*]

[Footnote 125: *Recueil des historiens de France*, XI, p. 564, et *Hist. de Languedoc*, nouv. éd., V, p. 146, n° 49; VIII, 387, 416 (*Numismatique de la province de Languedoc*). Les monnaies épiscopales portèrent le nom de Raoul.—Cf. M. Prou, *Catal. des monnaies françaises de la Bibliothèque nationale. Les monnaies carolingiennes* (Paris, 1896), p. Lvi, Lxx, 107 (n° 772).]

[Footnote 126: Ibid., p. 565, et Chifflet, *Hist. de Tournus, loc. cit.*]

[Footnote 127: Côte-d'Or, arr. de Beaune, cant. de Pouilly-en-Auxois.]

[Footnote 128: Flod., *Ann.*, a. 924, passim.]

[Footnote 129: Flod., *Ann.*]

[Footnote 130: Flod., ibid., a. 924.]

[Footnote 131: Flod., ibid.]

[Footnote 132: Le comté du Maine semble avoir fait partie autrefois des domaines de Robert. Cf. Eckel, p. 36-37.]

[Footnote 133: Flod., *Ann.*, a. 924; Dudon de Saint-Quentin, *De moribus*, éd. Lair, introd., p. 66. Cette cession du Maine ne fut sans doute pas complètement exécutée ou bien elle fut rendue impossible, car on voit, dans la suite, ce pays disputé entre l'Anjou et la Normandie. Cf. Lot, *Hugues Capet*, p. 197-198.]

[Footnote 134: Trosly-Loire, Aisne, arr. de Laon, cant. de Coucy-le-Château.]

[Footnote 135: Flod., *Ann.*, a. 924.]

[Footnote 136: Flod., *Ann.*, a. 924; *Chron. Nemaus.*, a. 925 (*M.G.h.*, *Scr.*, III, 219); *Hist. de Languedoc*, III, 99, 100.]

[Footnote 137: Voy. plus haut, p. 2.]

[Footnote 138: Flod., *Ann.*, a. 925; Richer, I, c. 49.—Pour l'identification de *Mons Calaus* avec Chalmont (Seine-et-Marne, arr. de Melun, comm. de Fleury-en-Bière), voy. *Les Annales de Flodoard*, éd. Lauer, p. 26, n. 6.]

[Footnote 139: Flod., *Ann.*, a. 925.]

[Footnote 140: *Miracul. S. Bened.*, II, 2 (éd. de Certain, p. 96-98): «Igitur innumerae Nortmannorum phalanges, super quas Rainaldus regnum obtinuerat, quampluribus longis usae navibus, usque ad superiora Ligeris percursantes, cuncta devastant. Tandem ad coenobium ter beati Deoque dilecti Benedicti, quod Floriacum dicitur, Rainaldus cum suis attingens, vacuum habitatoribus cunctisque necessariis offendit rebus, domibus duntaxat exceptis; siquidem monachi cum corpore semper nominandi patris nostri Benedicti ad tutiora se contulerant loca, Lamberto tunc abbate piae sollicitudinis erga eos curam gerente. Perveniens ergo inibi rex memoratus, et ex captivis resciscens quorum hominum foret talis habitatio, dormitorium fratrum suae metationis delegit sedem; in quo varia, utpote paganus, dum pararet flagitia, una noctium, quiescenti ei sanctus astitit Benedictus duobus comitatus monachis, unus, ut ipsi Rainaldo videbatur, medie artatis robore praeditus, alteri puerilis inerat habitudo. Beatissimus autem pater, niveam capite canitiem praeferens, baculum vero manu, ita jacentem allocutus est adversarium: «Quid, inquiens, te, Rainalde, offendi, quod me meosque a propriis perturbas sedibus? sed mihi deinceps curae erit, et te ab incoeptis inhibere, et famulis Christi, ossibus quoque una meis, optatam quietem reformare.» His dictis, ligno, quod manu gerebat, incurvo caput jam expergefacti regis contingens, praenuntiavit terminum ejus vitae in proximo adfuturum, sicque recessit. Turbatus hac visione Rainaldus, satellites magna ad auxiliandum sibi voce inclamat. Quibus accurrentibus et quid pateretur percunctantibus: «Quidam, inquit, monachus, non alter, ut aestimo, quam ille hujus tutor loci senex Benedictus, baculo verticem tangens meum, mortem minitando, dolorem mihi ingessit ingentem.» Jubet confestim cunctos pervasa domicilia deserere, nativumque solum repetere, cum quibus ipse profectus, ut patriam attigit, crebro debilitatus cruciatu vita discessit; tantaque, subito moriente eo, ventorum procella inhorruit, ut non solum culmina tectorum, verum etiam eminentium subrueret moles arborum; captivorum vincula soluta; equi seu reliqua jumenta infra duodecim et eo amplius milliaria a Rothomagensi urbe ad pastum deducta, disruptis compedibus, in diversa fugerunt. Corporis ejus tumulo pyramidem superaedificatam validissimo accepimus terrae motu subversam, ac ejus cadaver tellurem a suo rejecisse sinu; quod culeo cum lapidum mole insutum in Sequanam est demersum, quandoquidem humo non poterat contineri tectum. Hoc interitu memoria nefandi abolita fuisset hominis, ni vetustas Floriacensium incolarum, curiosa futurorum, marmoream ejus capitis fingere curavisset effigiem, quae nunc in ultima parte parietis ecclesiae sanctae Dei genitricis Mariae ac famuli ejus Benedicti, septentrionem versus, inserta perspicitur, quatenus et praesentes et secuturi omnes agnoscerent, interventu eorumdem sanctorum, omnipotens Deus qualem quantamque exercuerit in suis adversariis vindictae severitatem. Adeo denique haec ultio Nortmannicam in posterum perterrefecit temeritatem, ut prae caeteris Galliae sanctis beatissimum revereantur patrem nostrum Benedictum.»]

[Footnote 141: Voy. la note précédente, *in fine*, et Rocher, *Hist. de l'abbaye de Saint-Benoît-sur-Loire* (Orléans, 1865, in-8), p. 108 et 499.]

[Footnote 142: Flod., *Ann.*, a. 925.]

[Footnote 143: Flod., *Ann.*, a. 925.]

[Footnote 144: Flod., ibid.; A. Lefranc, *Hist. de la ville de Noyon et de ses institutions* (*Bibl. de l'École des hautes études*, fasc. 75, 1887), p. 18; Peigné-Delacourt, *Les Normands dans le Noyonnais* (Noyon, 1868, in-8, p. 36.)]

[Footnote 145: Flod., *Ann.*, a. 925.]

[Footnote 146: *Recueil des historiens de France*, IX, 566. La rédaction de ce diplôme présente des particularités qui ont été relevées par N. de Wailly, *Élém. de paléographie*, I, 358.]

[Footnote 147: Diplôme du 30 mai 925 dans *Recueil des historiens de France*, IX, 569 (à l'année 926), d'après Pérard, *Recueil de pièces servant à l'hist. de Bourgogne*, p. 162. On ne peut identifier *Artiaco villa supra fluvium Ararim* avec Arcy (Saône-et-Loire, arr. de Charolles, canton de Marcigny, comm. de Vindecy), cette localité n'étant pas sur la Saône. M.-P. Gautier qui vient de rééditer le diplôme d'après l'original (*Étude sur un diplôme de Robert le Pieux* dans le *Moyen Age*, t. XXII, 1909, p. 281) identifie *Artiaco villa* avec Arsoncourt. C'est plutôt Arciat, Saône-et-Loire, arr. de Mâcon, cant. de La Chapelle-de-Guinchay, comm. de Crèches-sur-Saône.]

[Footnote 148: Il avait visité l'église Saint-Symphorien, suivi d'une pompeuse escorte. Les chanoines profitèrent de l'occasion pour se faire accorder diverses concessions. Le diplôme fut souscrit par Adélaïde, mère de Raoul, et par un certain nombre de seigneurs bourguignons présents, appartenant à la famille comtale de Dijon. Thiroux, *Hist. des comtes d'Autun*, p. 119.]

[Footnote 149: Flod., *Ann.*, a. 925.]

[Footnote 150: Richer, *Hist.*, I, c. 50.]

[Footnote 151: Flod., *Ann.*, a. 925. Richer (I, 50) prétend que Rollon périt au cours de ces combats. Cf. Dudon de Saint-Quentin, *De moribus*, éd. Lair, introd., p. 77.]

[Footnote 152: Flod., ibid.]

[Footnote 153: Flod., *Ann.*, a. 925.]

[Footnote 154: Charte de Thion, vicomte de Paris (23 août 925) dans Mabillon, *Ann. Bened.*, III, 384.]

[Footnote 155: *Liber de diversis casibus coenobii Dervensis* (Mabillon, *Acta SS. ord. S. Bened.*, saec. II, col. 846-847).]

[Footnote 156: Flod., *Ann.*, a. 925; Waitz, *Heinrich I*, p. 81.]

[Footnote 157: Flod., ibid.]

[Footnote 158: *Contin. Reginon.*, a. 923.]

[Footnote 159: Flod., *Ann.*, a. 926; *Ann. Virdun.* (*M.G.h., Scr.*, IV, 8); *Hist. episcopor. Virdun. cont.* (*Scr.*, IV, 45); *Ann. S. Benigni Division.* (*Scr.*, IV, 8); Hugues de Flavigny, *Chron.* (*Scr.*, VIII, 358).]

[Footnote 160: Parisot, *Le royaume de Lorraine*, p. 675; K. Wittich, *Die Enlstehung des Herzogthums Lothringen* (Göttingen, 1862, in-8), p. 114; *Recueil des chartes de l'abbaye de Stavelot-Malmédy*, éd. Halkin et Roland (*Acad. roy. de Belgique*, Bruxelles, 1909), n° 56 (charte de 926, datée de l'an 4 du règne d'Henri Ier); *Cartulaire de Gorze*, éd. d'Herbomez, n° 92 (charte de 933, datée de l'an 8 du règne d'Henri Ier, en Lorraine); Wauters, *Table chronologique des chartes et diplômes impr. concernant l'hist. de Belgique*, t. I, p. 340 (charte du duc Gilbert, datée de DCCCCXXVIII, *anno vero V domini Henrici serenissimi regis super regnum quondam Lotharii, indictione I*). Dès 924 on datait des années d'Henri Ier à Trèves et à Stavelot (Wauters, *op. cit.*, t. I, p. 338).]

[Footnote 161: Flod., *Ann.*, a. 925; *Hist. eccl. Rem.*, IV, 19 et 35.]

[Footnote 162: Flod., *Hist. eccl. Rem.*, IV, 18.]

[Footnote 163: Flod., ibid.]

[Footnote 164: Flod., *Hist. eccl. Rem.*, IV, 19.]

[Footnote 165: Jaffé-Löwenfeld, *Regesta pontif. roman.*, no 3570 (17 février 926).]

[Footnote 166: Flod., *Hist. eccl. Rom.*, IV, 20 et 35; Richer, I, 55.]

[Footnote 167: Pas-de-Calais, arr. de Saint-Omer. Il semble, en effet, qu'il faille identifier la bataille livrée par Raoul aux Normands, en Artois, d'après Flodoard, avec le combat de Fauquembergue, mentionné par Folcuin dans les *Gesta abbatum Sithiensium*, c. 101 (M.G.h., *Scr.*, XIII, 626).]

[Footnote 168: Flod., *Ann.*, a. 926.]

[Footnote 169: Ardennes, arr. de Vouziers, cant. d'Attigny.]

[Footnote 170: Flod., *Hist. eccl. Rom.*, IV, 21; *Miracula S. Apri*, c. 22; *Miracula S. Basoli*, c. 7 (M.G.h., *Scr.*, IV, 517); *Ann. S. Vincentii Mett.*. (*Scr.*, III 157); *Gesta episcopor. Mettens.* (*Scr.*, X, 541); *Miracula S. Deicoli* (Duchesne, *Scr.*, III, 422); *Polypl. Virdunense* (*Scr.*, IV, 38); charte de Saint-Maximin de Trèves (926) dans Reyer, *Millelrhein. Urkandenbach* (Coblentz, 1860), t. I, n° 167: «... depopulantibus Agarenis pene totum regnum Belgicae Galliae».—Voy. aussi Dussieux, *Invasions des Hongrois*, p. 11.]

[Footnote 171: Flod., *Ann.*, a. 920; *Hist. de Languedoc*, nouv. éd. III, 101.]

[Footnote 172: R. de Lespinasse, *Le Nivernais et les comtes de Nevers*, t l. I (Paris, 1909, in-8), p. 173. Il existe une monnaie de Nevers à l'effigie de Raoul. Soultrail. *Essai sur la numismatique nivernaise* (Paris, 1854, in 4), p. 20]

[173][Footnote 173: 4. Flod., *Ann.*, a. 926; *Ann. Augienses* (M.G. h., Scr., II, 68); Ekkehard, *Casas S. Galli* (Scr., II, 110). Voy. Waitz, Heinrich I, p. 88.]

[Footnote 174: A. Giry, *Études carolingiennes*, dans les *Études d'histoire du moyen âge dédiées à Gabriel Monod* (Paris, 1896, in-8), p. 134, n° 26; Nicolas Vignier, *Bibl. historiale*, t. II (1588, in-fol.), p. 551.]

[Footnote 175: Flod., *Ann.*, a. 926, *in fine*. Voy. W.G. Searle, *Anglo-saxon bishops, kings and nobles* (Cambridge, 1899, in-8), p. 346.]

[Footnote 176: Mabille, *La pancarte noire de Saint-Martin de Tours*, n° CIII (130).]

CHAPITRE IV

LA LUTTE CONTRE HERBERT DE VERMANDOIS.
PREMIÈRE PÉRIODE.

Dès la fin de l'année 926, éclata la rupture prévue depuis longtemps entre Raoul et Herbert, dont le rôle, même lorsqu'il était en apparence dévoué au roi, était en réalité fort équivoque. Le comté de Laon devint vacant par suite du décès de Roger, partisan dévoué de Raoul[177]. Herbert avait déjà mis la main sur Péronne en 924, et sur Reims, depuis la mort de Séulf (925): il voulut profiter de la mort de Roger pour s'installer à Laon. Fidèle à ses plans ambitieux, il continuait l'extension méthodique de ses domaines à l'aide d'intrigues incessantes. Il eut l'audace de revendiquer le comté de Laon pour son fils Eudes. Cette fois, Raoul se montra moins conciliant qu'à l'ordinaire. Laon était la place forte par excellence et comme la capitale du roi de France qui, même après l'avoir inféodé, y gardait toujours la haute main sur les affaires[178]. La perdre c'eût été renoncer à tout point d'appui dans le nord, et se résigner à n'être qu'un duc-roi de Bourgogne. D'ailleurs la tendance à l'hérédité des bénéfices avait été déjà officiellement constatée dans le capitulaire de Quiersy-sur-Oise, et ce principe féodal était désormais admis et appliqué partout. Or Roger de Laon laissait un fils, du même nom que lui, qui devait recueillir sa succession: Raoul ne fit que sanctionner le droit établi, en favorisant la transmission héréditaire, sans égard pour les prétentions adverses. Herbert fut ainsi cruellement déçu dans sa rapacité, parce qu'il avait demandé trop, c'est-à-dire le peu qui restait à la royauté affaiblie. Dès lors on put voir que sa fidélité envers Raoul n'était que le résultat d'un calcul intéressé: elle disparut comme par enchantement, en même temps que les largesses royales. Heureusement pour Raoul, son beau-frère Hugues, depuis son mariage avec Eadhild, s'était quelque peu éloigné d'Herbert.

L'attitude de Hugues, neveu d'Herbert II par sa mère Béatrice de Vermandois[179], n'avait pas toujours été empreinte d'une égale cordialité à l'égard du roi. Il semble qu'il ait jusque-là voulu se soustraire à son ascendant. Malgré la grande part qu'il avait prise à son élection, il s'était tenu, dans certaines circonstances, sur une réserve qui pouvait presque passer pour de l'hostilité. C'est ainsi qu'il avait traité avec les Normands aux moments les moins opportuns pour Raoul. Il avait, par son attitude, grandement favorisé les projets ambitieux d'Herbert. Jamais il ne figure dans les diplômes royaux comme impétrant, et son nom ne se voit pas au bas des actes, à côté de ceux des conseillers habituels du souverain. Mais depuis que, par l'occupation de Reims et la revendication de Laon, la tactique d'Herbert apparaît plus nettement, Hugues se rapproche visiblement de Raoul, comme si un sentiment de jalousie ou de crainte s'était éveillé en lui. Il commence à se départir du rôle de simple spectateur des événements, qu'il avait joué jusqu'alors. Néanmoins il eut l'habileté de ne point rompre brusquement avec le comte de Vermandois, qui dut tout mettre en oeuvre pour le retenir dans son parti, et même il se laissa conduire à une entrevue qu'Herbert sollicita du roi de Germanie[180]. Cette démarche, à la suite de la perte de la Lorraine, était un acte peu amical vis-à-vis de Raoul. C'était en même temps un acte contraire au patriotisme tel que nous l'entendons aujourd'hui. Quoique nous ne puissions nous flatter le moins du monde de découvrir les sentiments véritables des hommes de cette époque, il est clair cependant que la démarche des deux plus puissants vassaux de la France septentrionale auprès de l'ennemi de leur suzerain était, au moins au point de vue féodal, un acte de félonie caractérisé[181].

Henri se montra naturellement fort bien disposé envers ses hôtes insolites, dont il pouvait beaucoup attendre. Des présents furent échangés, et pour bien affirmer sa suzeraineté en Lorraine devant les Français, le roi de Germanie disposa de l'évêché de Metz, devenu vacant par la mort de Guerri, en le donnant à un clerc appelé Bennon, au mépris du droit d'élection des Messins[182].

Au retour de cette visite inconvenante, qui décèle l'extraordinaire besoin d'intrigue de son esprit inquiet, Herbert sentit qu'il avait besoin de relever son prestige. La lutte contre les Normands était le plus sûr moyen de gagner un peu de popularité. Comme Raoul venait de traiter avec les Normands de la Seine, Herbert et Hugues firent une expédition contre ceux de la Loire: mais cette entreprise se termina sans action d'éclat. L'ennemi fut assiégé pendant cinq semaines; après quoi il y eut échange d'otages et nouvel abandon du comté de Nantes aux Normands[183]. C'est au cours de cette campagne qu'on a voulu placer sans aucune raison sérieuse la mort d'Enjeuger, fils de Foulques d'Anjou[184]. Herbert chercha ensuite à gagner le clergé. Comme administrateur du temporel de l'archevêché de Reims, il réunit à Trosly un synode composé de six évêques, malgré la défense formelle de Raoul qui l'avait prié de différer et de venir le trouver à Compiègne. Le fils d'Helgaud de Ponthieu, Héloin, le vaillant adversaire des Normands, y fut convoqué et condamné à une pénitence publique «pour crime de bigamie». Cette sentence était faite pour plaire aux Normands[185]. Il est probable qu'Herbert profita de cette réunion pour intriguer contre Raoul, car nous le voyons, après avoir refusé de se rendre à Compiègne, tenter un coup de main sur Laon. L'entreprise échoua, parce que Raoul avait eu le temps d'y envoyer en hâte une garnison qu'il suivit lui-même peu de temps après.

Herbert jeta alors complètement le masque. Voyant l'impossibilité de se faire reconnaître comme roi à la place du duc de Bourgogne, depuis que Hugues avait épousé la belle-soeur du roi Charles, il imagina d'opposer au roi Raoul le malheureux Carolingien, qu'il tira de prison, pour forcer Hugues à garder la neutralité entre ses deux beaux-frères. Il comptait sans doute, une fois qu'il serait débarrassé de Raoul ainsi isolé, en finir ensuite promptement avec Charles.

Depuis sa captivité, l'infortuné souverain avait été gardé prisonnier au donjon de Château-Thierry, jusque vers la fin de 924. A cette époque, sa prison devint inopinément la proie des flammes, sans qu'il y ait lieu de supposer aucun acte de malveillance, ni aucune tentative d'évasion; il fut sauvé: de l'incendie et transféré alors, semble-t-il, à Péronne[186]. En 927, Herbert l'installa dans la capitale du Vermandois, à Saint-Quentin, et déclara qu'il le considérait de nouveau comme roi.

Raoul se mit immédiatement sur la défensive, et pour prendre les dernières mesures se rendit en Bourgogne. Le 9 septembre il était à Briare, où il confirma les privilèges de l'abbaye de Cluny[187]. La mort de Guillaume II d'Aquitaine, survenue dans l'été de 927[188], l'avait sans doute déterminé à se rendre sur la Loire. Le duc Affré succéda à son frère dont il adopta la politique abstentionniste. Le seigneur de Déols, Ebbon, puissant feudataire du Berry, n'en vint pas moins solliciter du roi l'immunité pour le monastère qu'il venait de fonder[189], et les chartes du Puy, de Brioude, de Cahors, de Beaulieu et de Tulle furent encore datées des années du règne de Raoul.

Les fils de Roger de Laon faisaient bonne garde dans la cité, où leur attitude justifiait pleinement la confiance du roi. La reine Emma, femme d'un esprit supérieur et d'un courage viril, veillait en personne à la défense de la forteresse royale. La vaillante garnison se hasarda même, au cours d'une sortie, à pousser jusqu'à Coucy, dépendance de l'église de Reims, dont elle ravagea les environs[190].

De son côté, Herbert ne perdait pas de temps. Il s'occupait activement de fortifier ses alliances. Devenu le champion du roi Charles, il s'adressa aux fidèles alliés de celui-ci, les Normands. Ces derniers oublièrent bien vite tous les traités conclus avec le roi Raoul dont ils étaient avides de tirer vengeance. Déjà même ils avaient réussi à rentrer dans Eu. En cette ville, précisément, Rollon et son fils Guillaume, qu'il s'était déjà associé selon Dudon de Saint-Quentin, conclurent une alliance avec Herbert, et Rollon prêta l'hommage à Charles[191]. Rollon ne consentit toutefois à ce nouveau rapprochement qu'après s'être fait donner des sûretés: il exigea comme otage Eudes, le propre fils du comte de Vermandois, dont il avait de justes motifs pour redouter l'inconstance. Enfin Raoul parut à la tête d'une armée bourguignonne, au moment de la Noël, dans la France du nord, et il s'y conduisit comme en pays ennemi, portant en tous lieux sur son passage la ruine et l'incendie[192]. Hugues comprit immédiatement que le rôle de médiateur lui incombait. Il accourut au-devant de Raoul et l'accompagna jusque sur les rives de l'Oise, où l'attendait Herbert. Sur son intervention, un arrangement fut ménagé entre le roi et son vassal: Herbert fournit des otages et s'engagea à se présenter à un plaid dont la date fut fixée avant Pâques[193].

Raoul retourna en Bourgogne après avoir en vain tenté d'obtenir de sa femme l'évacuation de Laon. Peut-être était-ce là une des conditions de l'accord conclu, ou bien craignait-il une surprise de la ville par Herbert et les Normands. Mais la courageuse reine refusa obstinément d'abandonner cette forte place, dont la possession était devenue comme le signe de la royauté. Elle comptait sans doute sur l'appui de son frère Hugues en cas de danger imminent.

Herbert se rendit à Reims et y rédigea une lettre adressée au pape Jean X, dans laquelle il se posait en défenseur de la légitimité et en exécuteur des prescriptions pontificales venues naguère de Rome en faveur du roi Charles[194]. Il est piquant de constater à quel point il avait modifié son attitude à l'égard du pape, depuis que ses intérêts avaient changé. Mais il était trop tard. Jean X avait été fait lui aussi prisonnier par Guy de Spolète, et son successeur Léon VI paraît s'être désintéressé complètement du sort de Charles le Simple. Les démarches d'Herbert restèrent sans résultat.

Certains historiens, comme Mabille, ont voulu mettre en rapport avec la restauration de Charles le transfert du comté d'Auvergne avec le duché d'Aquitaine, à la maison de Poitiers, après la mort de Guillaume. Les deux événements eurent lieu, en effet, la même année. Mais il n'est pas démontré qu'Èbles Manzer, comte de Poitiers, ait fait valoir ses droits à cette succession, à laquelle il pouvait prétendre comme fils du duc d'Aquitaine Renoul II, et l'appui de Charles ne lui aurait été de nul profit en ces conjonctures. Affré succéda à son frère Guillaume, dans ses fiefs et honneurs, et, à la mort de celui-ci, survenue un an après celle de Guillaume, Raimond-Pons de Toulouse apparaît comme duc. C'est seulement le fils d'Èbles, Guillaume Tête-d'Étoupe, qui a porté les titres de duc d'Aquitaine et comte d'Auvergne. Èbles ne s'est jamais intitulé dans ses diplômes que comte de Poitiers: *misericordia Dei Pictavorum [h]umilis comes*[195].

Le roi Raoul eut avec Herbert, pendant le carême, l'entrevue qui avait été antérieurement fixée[196]. Il dut y être question de la possession de Laon, car peu après la reine Emma abandonnant la ville se retirait en Bourgogne. Herbert entra immédiatement en possession de l'objet de ses convoitises, et cette circonstance semble avoir décidé Hugues à se rapprocher du parti vermandois. Herbert se rendant auprès de Rollon tint à se faire accompagner par Hugues, dont il espérait bien se servir auprès du chef des Normands pour obtenir la restitution de son fils. Hugues céda, et l'on eut le curieux spectacle du petit-fils de Robert le Fort, le glorieux adversaire des Normands, assistant à une conférence réclamée par ceux-ci, où leur chef Rollon jouait le rôle capital et lui enjoignait ainsi qu'aux autres comtes et évêques français présents, d'avoir à reconnaître solennellement le roi Charles pour leur suzerain légitime. Et le propre fils de Rollon, Guillaume Longue-Épée leur donna l'exemple, en prêtant le premier l'hommage au Carolingien. A la suite de ce prodigieux succès de la diplomatie normande, Rollon consentit à rendre au comte de Vermandois son fils Eudes, et une alliance fut conclue entre Français et Normands[197].

L'hégémonie du Vermandois n'était pas admise par tout le monde sans contestation. La famille des comtes de Laon composée de Roger et de ses frères, lésée par la cession de la ville à Herbert, resta naturellement attachée au roi Raoul. Leurs domaines confinaient à la partie nord du Vermandois. Il n'en fallut pas davantage pour que le comte de Vermandois allât assiéger et détruire leur château-fort de Mortagne, au confluent de l'Escaut et de la Scarpe[198].

L'évêque de Soissons Abbon, auparavant partisan d Herbert, devenu archichancelier royal, perdit le vicariat du diocèse de Reims, où il fut remplacé par l'évêque fugitif d'Aix-en-Provence, Odalric, chassé de son siège par les Sarrasins. Pour prix de ses bons offices, le nouveau vicaire ne reçut d'Herbert que l'abbaye de Saint-Timothée avec une prébende de chanoine[199].

Le frère du roi Raoul, Boson, qui s'accommodait avec peine de la suzeraineté saxonne imposée aux Lorrains, souleva sur ces entrefaites de nouvelles difficultés, en se querellant avec ses voisins, en s'emparant par force de possessions ecclésiastiques (abbayes et domaines des évêchés de Verdun et de Metz) et enfin en refusant de tenir compte des injonctions du roi Henri. Celui-ci entra en campagne contre le récalcitrant, passa le Rhin «avec une multitude de Germains» et vint sur la Meuse assiéger son château de *Durofostum*[200]. En même temps il entra en pourparlers avec lui par la voie d'une ambassade, promettant la paix, à condition qu'il vînt le trouver en personne. On le voit, Henri n'osait traiter le frère de Raoul comme un vassal ordinaire. Il alla jusqu'à lui donner des otages pour lui garantir la sécurité au cours de la démarche qu'il en sollicitait. Boson consentit alors à se présenter devant le roi, lui promit sous serment «fidélité et paix au royaume[201]», restitua à leurs possesseurs les biens qu'il avait usurpés et en obtint d'autres en échange; enfin il se réconcilia, de même que Renier II, avec Gilbert et tous les autres seigneurs lorrains. Cette rapide solution eut dans la suite une conséquence heureuse pour Raoul: Herbert et Hugues étant venus faire, après leur entrevue avec Rollon, une nouvelle démarche auprès d'Henri, pour le décider à intervenir en faveur du Carolingien, ils n'obtinrent aucun succès[202]. Henri, satisfait de la pacification de la Lorraine, ne pouvait prendre les armes contre le frère d'un vassal avec lequel il venait de se remettre. Il lui suffisait du reste que Raoul fût empêché par des difficultés d'ordre intérieur de revendiquer la Lorraine, et il avait plutôt à redouter un réveil de loyalisme envers le Carolingien, si jamais Charles parvenait à ressaisir effectivement le pouvoir suprême.

Cette attitude du roi de Germanie jointe à l'abstention forcée du pape Jean X[203] et à l'inaction des Normands et des Aquitains, partisans français de la dynastie carolingienne, amena un revirement complet défavorable à Herbert. L'habile plan du rusé seigneur avait en somme assez piteusement échoué. Il n'avait pas réussi à créer en faveur de son malheureux jouet le courant de sympathie qu'il avait espéré exploiter à son profit. Tout ce qu'il avait pu faire avait été de condamner Raoul à l'impuissance politique, en assurant ainsi la Lorraine au roi de Germanie. Mécontent de voir rester sourd à son appel ce prince dont il avait escompté l'appui, il se décida à se rapprocher de Raoul, et il sut encore se faire payer fort cher cette apparente soumission. Il se rendit auprès du roi, et moyennant un nouvel hommage solennel, qui lui coûtait peu, il obtint la cession définitive de Laon, et peut-être la promesse d'avantages pour ses fils, si l'on en juge par ce qui suivit. Herbert était ainsi parvenu à persuader Raoul, après Hugues, de la prétendue nécessité qu'il y avait pour lui de posséder Laon. Il avait fait valoir le besoin d'assurer des apanages à ses enfants, mais cet apparent souci de père de famille besogneux masquait mal son évidente ambition personnelle. La victime de la paix fut encore l'infortuné Charles, trahi pour la seconde fois: son semblant de souveraineté passagère se transforma en une nouvelle et trop réelle captivité[204]. Cette même année, le 5 juin, mourait l'empereur Louis l'Aveugle. Le roi d'Italie Hugues accourut aussitôt en Provence, pour y fortifier son autorité déjà existante de fait. Le seul héritier du trône, le bâtard Charles-Constantin, avait possédé le comté de Vienne depuis 926, pendant les dernières années de son père: il en fut, semble-t-il, dépouillé en même temps que du pouvoir suprême qu'il aurait dû recueillir. En novembre 928, le roi Hugues paraît à Vienne, où il se rencontre avec le roi Raoul qui était le propre cousin germain de Louis l'Aveugle. Les négociations entre les deux prétendants sont malheureusement inconnues. Nous ne pouvons en juger que d'après les résultats. Le comte de Vermandois, réconcilié depuis peu avec son suzerain, sut encore négocier assez habilement afin de se faire concéder «la province de Viennoise» pour son fils Eudes[205]. Ainsi cet ambitieux seigneur s'efforçait de fonder pour sa maison un centre d'influence situé au midi, dans un pays dépendant de l'ancien royaume de Boson. Ces domaines devaient venir s'ajouter aux dépendances bourguignonnes de l'archevêché de Reims, dont Herbert était administrateur[206]. Cette combinaison, fort bien imaginée, n'eut pas néanmoins la suite qu'espérait le comte de Vermandois. Vienne demeura d'abord temporairement sous la domination de son archevêque faisant fonctions de vicomte, et, bientôt après, Charles-Constantin dut rentrer en possession de ses droits, car au commencement de 931 on le voit maître de la cité où jamais Eudes de Vermandois ne semble avoir exercé la moindre autorité. Raoul eut néanmoins dès lors la suzeraineté effective sur le Viennois.

Après avoir ainsi satisfait, autant qu'il était en mesure de le faire, les appétits d'Herbert, Raoul, peut-être sous l'influence de Hugues, beau-frère du Carolingien, s'enquit du sort de l'infortuné Charles. Il se rendit à Reims où Herbert le tenait sous bonne garde. Raoul aborda respectueusement son ancien souverain, lui offrit des présents de valeur, et lui fit remise du fisc royal d'Attigny, peut-être aussi de celui de Ponthion-sur-l'Ornain[207]. Aucun arrangement, aucun compromis ne paraît être intervenu entre eux. Il est toutefois certain que l'acceptation par Charles des dons de Raoul constituait une véritable abdication tacite. On ne saurait admettre, en effet, avec Leibniz[208], que Raoul eût reçu de Charles l'investiture du royaume à titre de vassal: c'est tout à fait contraire aux termes précis et formels qu'emploie l'historien Flodoard pour relater le fait dans ses *Annales*[209], et une telle hypothèse est bien hardie, en l'absence de tout précédent du même genre. On ne peut non plus souscrire à l'opinion de ceux qui ont qualifié d'outrageante la démarche de Raoul: c'était à la fois un acte chevaleresque envers un adversaire malheureux, auquel il témoignait des égards, et une mesure de bonne politique, propre à lui concilier les partisans du Carolingien. Les fidèles obstinés qui persévérèrent à refuser de reconnaître Raoul après l'entrevue de Reims, n'étaient en réalité que des vassaux indisciplinés s'accommodant mieux d'un fantôme de roi que d'un véritable souverain.

Nous ignorons si Charles put jouir d'une liberté relative à partir de ce moment. Il est plutôt croyable qu'Herbert ne tint nul compte de la démarche de Raoul, et il est même probable qu'il en prit ombrage et y trouva prétexte pour redoubler de vigilance auprès de sa misérable victime: il n'avait pas encore renoncé à s'en servir, le cas échéant! Flodoard rapporte, en effet, que Charles mourut à Péronne, c'est-à-dire au pouvoir du comte de Vermandois. Divers chroniqueurs le qualifient de martyr et le font expirer en prison, donnant de ses derniers moments une description émouvante, qui, vraie ou fausse, nous révèle en tout cas, très nettement, la pénible impression produite par cet événement sur les contemporains. La date du décès est le 7 octobre 929: Charles fut enseveli en l'église Saint-Fursy de Péronne[210].

Les vassaux aquitains et méridionaux voyaient ainsi disparaître le dernier obstacle qui les empêchât de faire le pas décisif vers la réconciliation avec Raoul. Cependant ils s'abstinrent d'entrer dans cette voie, tant était grand chez eux le désir de conserver leur indépendance. On le constate par les formules de datation employées dans leurs actes: ils calculent les années à partir de la mort de Charles, en ajoutant que «Dieu ou le Christ règne». Certains vont même jusqu'à désigner fictivement comme successeur de Charles son fils Louis, réfugié en Angleterre à la cour de son oncle Athelstan[211]. Toutefois en Rouergue, à Conques, on finit par abandonner cette manière de démonstration platonique, et on se décida à reconnaître Raoul comme roi[212].

FOOTNOTES:

[Footnote 177: Flod., *Ann.*, a. 926. La mort de Roger avait suivi de peu celle de son prédécesseur Raoul de Gouy, fils d'Héluis. Roger était son beau-frère. La succession si rapide de ces décès, dont Herbert chercha à profiter, fait nécessairement songer aux accusations d'empoisonneur lancées contre Herbert, au dire de Flodoard.]

[Footnote 178: Ainsi lorsque, vers 925, l'évêque de Laon Alleaume voulut établir des chanoines à Saint-Vincent, c'est à Raoul qu'il s'adressa pour obtenir confirmation. *Recueil des historiens de France*, IX, 568 (acte incomplet de la fin).]

[Footnote 179: A. de Barthélemy, *Les origines de la maison de France*, dans la *Revue des questions hist.*, t. VII, année 1873, p. 123; Lot, *Les derniers Carolingiens*, p. 359 et 377.]

[Footnote 180: Flod., *Ann.*, a. 927.]

[Footnote 181: Sur cette question de la naissance des sentiments de nationalité au Xe siècle, cf. G. Monod, *Du rôle de l'opposition des races et des nationalités dans la dissolution de l'empire carolingien (Annuaire de l'École pratique des hautes études*, section des sciences hist. et phil., 1896, p. 5).]

[Footnote 182: Flod., ibid.—Cf. Waitz, *Heinrich I*, p. 119.]

[Footnote 183: Flod., *Ann.*, a. 927; *Chronique de Nantes*, éd. R. Merlet, p. 87-88.]

[Footnote 184: Lippert, p. 60. Tout ce que l'on sait d'Enjeuger, c'est qu'il était mort en combattant les Normands, avant 929. *Gesta consul. Andegavor. (Chron. d'Anjou*, éd. Marchegay et Salmon, p. 66); *Cartul. de Saint-Aubin d'Angers*, éd. Bertrand de Broussillon, n° 177; I. Halphen, *Le comté d'Anjou au XIe siècle*, p. 2.]

[Footnote 185: Il est probable qu'Herbert avait eu aussi en vue la confiscation du fief d'Héloin, soit à son profit personnel, soit au profit de Hugues le Grand, suzerain d'Héloin. Mais il semble avoir échoué sur ce point. Cf. Flod., *Ann.*, a. 927; *Hist. eccl. Rem.*, IV, 21; Richer, I, 52.]

[Footnote 186: Flod., *Ann.*, a. 924; Aimoin, *Miracula S. Benedicti*, II, 3 (éd. de Certain, p. 99); Eckel, *Charles le Simple*, pp. 127 et 130.]

[Footnote 187: *Recueil des chartes de Cluny*, I, 281, n° 285.]

[Footnote 188: Il mourut entre avril et septembre, probablement avant le 3 juin. Cf. *Ann. Masciacenses*, a. 927 (*M.G.h., Scr.*, III, 169-170); Adémar de

Chabannes, *Chron.*, éd. Chavanon, p. 143. Voy. Baluze, *Hist. généal. de la maison d'Auvergne*, I, 21, II, pr., p. 18; *Hist. de Languedoc*, nouv. éd., III, 104.]

[Footnote 189: Diplôme de Raoul, de 927, dans *Recueil des historiens de France*, IX, 570, d'après Besly, *Hist. des comtes de Poitou*, pr., p. 239. Deux chartes d'Ebbon qui nous sont conservées en copie par les mss. de la Bibl. nat. lat. 12777 (p. 214 et 224), 12820 (fol. 2 et 11) et 6007 (fol. 117) sont datées, l'une de la 20e année du règne de Charles le Simple et l'autre de la 5e année du règne de Raoul. Les documents que nous venons de mentionner (diplôme et chartes) ont été publiés en dernier lieu par Eug. Hubert (*Recueil général des chartes intéressant le département de l'Indre, VIe-XIe siècle*, extr. de la *Revue archéol. du Berry* de 1899, p. 106, 112 et 115) qui n'a pas connu tous les manuscrits cités.—Voy. aussi Raynal, *Hist. du Berry*, t. I, p. 336.]

[Footnote 190: Flod., *Ann.*, a. 927.]

[Footnote 191: Flod., ibid.; Dudon de Saint-Quentin, *De moribus*, éd. Lair, pp. 77 et 170-181; *Ann. anglo-saxon* (*M.G.h., Scr.*, XIII, 108).]

[Footnote 192: Flod., *Ann.*, a. 928.]

[Footnote 193: Flod., *Ann.*, a. 928.]

[Footnote 194: Richer, I, c. 54.]

[Footnote 195: *Cartulaire de Saint-Cyprien de Poitiers* (*Arch. hist. du Poitou*, III), p. 318, n. 1; Mabille, *Le royaume d'Aquitaine et ses marches sous les Carolingiens* (Toulouse, 1870, in-4), p. 44 et 47; A. Richard, *Hist. des comtes de Poitou*, I, p. 62, n. 1 et 67; Lot, *Fidèles ou vassaux?*, p. 54.]

[Footnote 196: Flod., *Ann.*, a. 928. Pâques tombait, en 928, le 13 avril. Le carême commençait donc le 2 mars.]

[Footnote 197: Flod., *Ann.*, a. 928; *Hist. eccl. Rem.*, IV, 21; Richer, I, c. 53.—Le texte des Annales de Flodoard suppose que Rollon vivait encore, et nous l'avons admis malgré l'assertion contraire de Richer (I, 50) qui le fait périr à la prise d'Eu, en 925. Cf. Dudon de Saint-Quentin, *De moribus*, éd. Lair, p. 77, M. Marion (*De Normannorum ducum cum Capetianis pacta ruptaque societate*, Paris, 1892, in-8, p. 10) le fait vivre jusqu'en 931. Deville (*Dissertation sur la mort de Rollon*, Rouen, 1841) place avec plus de raison la mort de Rollon entre les années 928 et 932, sans préciser.]

[Footnote 198: Flod., *Ann.*, a. 928.—Mortagne-Nord, Nord. arr. de Valenciennes, cant. de Saint-Amand-les-Eaux.]

[Footnote 199: Flod., ibid., et *Hist. eccl. Rem.*, IV, 21; Richer, I, 53 et 35. Cf. Albanès, *Gall. christ. noviss.*, t. I, col. 41-42.]

[Footnote 200: Flod., *Ann.*, a. 928, éd. Lauer, p. 42, n. 5.]

[Footnote 201: Il convient d'observer que Flodoard se sert des termes suivants: «[Boso] venit ad cum eique fidelitatem et pacem regno juramento promittit ...», au lieu d'employer le terme qu'il prend généralement pour indiquer l'hommage ou la recommandation féodale: «se committit illi».]

[Footnote 202: Flod., *loc. cit.*]

[Footnote 203: Une ambassade d'Herbert était revenue de Rome sans succès, apportant la nouvelle de l'emprisonnement du pape Jean X par le marquis de Toscane, Guy, frère utérin de Hugues d'Arles, roi d'Italie. Cf. Flod., *loc. cit.; Hist. eccl. Rem.*, IV, 21; Richer, I, 54; Liudprand, *Antap.*, III, 18, 43 (éd. Dümmler, pp. 61 et 73).]

[Footnote 204: Flod., *Ann.*, a. *928; Hist. eccl. Rem.*, IV, 22; Richer, I, 54.]

[Footnote 205: Flod., *Ann.*, a. 928; Poupardin, *Le royaume de Provence*, p. 225-227; *Le royaume de Bourgogne*, p. 59-60; G. de Manteyer, *La Provence du premier au douzième siècle* (Paris, 1908, in-8), pp. 127 et suiv., 158-159.]

[Footnote 206: En 924, l'archevêché de Reims avait obtenu la restitution de toutes ses possessions légitimes.]

[Footnote 207: Flod., *Ann.*, a. *928; Hist. eccl. Rem.*, IV, 22; Richer, I, 55.]

[Footnote 208: Leibniz, *Annales imperii*, éd. Pertz, II, 388.]

[Footnote 209: «Rodulfus rex ... pacem facit cum Karolo ...» *Ann.*, a. *928, in fine.*]

[Footnote 210: Flod., *Ann.*, a. 929; *Hist. Francor. Senon.* (*M.G. h., Scr.*, IX, 366) dont dérivent Richard le Poitevin et Orderic Vital; Hugues de Flavigny, *Necrol.* (ibid., VIII, 287); Folcuin, *Gesta abbat. Sith.*, c. 102 (ibid., XIII, 626), donne la date du 16 septembre. Richer (I, 56): «Karolus post haec tedio et angore deficiens, in machronosiam decidit, humoribusque noxiis vexatus, post multum languorem vita privatus est»; *Confin. Regin.*, a. 925 (*Scr.*, I, 616); *Ann. Blandin., Lohiens., Elnon. min.*, a. 924 (*Scr.*, V, 24, II, 210, V, 19); Aimoin, *Miracula S. Bened.*, II, 5 (éd. de Certain, p. 104), dont dérivent Hugues de Fleury et la *Chronique de Saint-Bénigne de Dijon*; *Chron. Turonense* (éd. Salmon, *Recueil des chroniques de Touraine*, p. 110); Sigebert de Gembloux, *Chrori.*, a. 926 (*Scr.*, VI, 347). Cf. J. Dournel, *Hist. gén. de Péronne* (1879, in-8), p. 35; Eustache de Sachy, *Essais sur l'hist. de Péronne* (Paris, 1866, in-8), p. 39-40, et Eckel, p. 134.]

[Footnote 211: *Cartulaire du monastère de Gerri*, fol. 37, n° 516 (Bibl. nat., *Coll. Moreau*, vol. V, fol. 75-77). *Chron. Nemausense* (*M.G.h., Scr.*, III, 219): «Post cujus [Karoli] obitum fuerunt anni septem sine legitimo rege, in quibus regnavit Rodulfus.»]

[Footnote 212: *Cartulaire de l'abbaye de Conques*, éd. G. Desjardins, nos 6, 91, 200, 208,291.]

CHAPITRE V

LA LUTTE CONTRE HERBERT DE VERMANDOIS APRÈS LA MORT DE CHARLES LE SIMPLE.

Boson venait à peine de se remettre avec Henri Ier que déjà il était mêlé à de nouvelles intrigues. L'abbesse de Chelles, Rohaut, tante de Charles le Simple et belle-mère de Hugues le Grand, mourut le 22 mars 925[213]. C'était déjà à l'occasion de son abbaye, on s'en souvient, que Robert et Hugues s'étaient soulevés contre Haganon en 922. Boson, sans doute d'accord avec son frère Raoul, s'empara tout à coup de ce riche monastère tant convoité, avec toutes ses dépendances, pour faire pièce à Hugues. Il était assez naturel que Raoul pût donner un fief à son frère alors que Hugues le contraignait à en céder un à Herbert. Mais Hugues ne transigeait pas aussi facilement sur ses droits que sur ceux des autres: immédiatement il réclama la restitution de Chelles, et Herbert, son allié, en prit prétexte pour mettre la main sur la principale place forte de Boson, le château de Vitry-en-Perthois. Un armistice fut conclu jusqu'à la fin de mai, puis transformé en paix définitive sur l'intervention du roi de Germanie. L'entreprise de Boson aboutissait, en dernière analyse, à une nouvelle ingérence étrangère en France, défavorable au prestige de Raoul[214].

Hugues et Herbert, de retour d'une conférence avec le roi Henri, allèrent assiéger Montreuil, afin de soumettre le comte Héloin qui affectait des allures d'indépendance. Ils le contraignirent à livrer des otages. Mais bientôt leur union se trouva compromise par le passage d'Héloin au parti de Hugues. Herbert s'en dédommagea en attirant dans son camp Heudoin, vassal de Hugues[215].

Les Normands de la Loire étaient demeurés dans un calme relatif depuis 925. Au commencement de l'année 930, ils envahirent de nouveau l'Aquitaine, pillèrent la Saintonge, l'Angoumois, le Périgord, et pénétrèrent jusqu'en Limousin[216]. Raoul se porta au secours de sujets qui lui étaient fidèles depuis le début de son règne. Il atteignit les pillards au lieu dit *Ad Destricios* et les anéantit presque totalement[217]. La victoire eut un aussi grand retentissement que jadis celle de Louis III à Saucourt, et, comme il arrive souvent, ce succès en engendra un autre: une partie des Aquitains (les comtes d'Auvergne, de Toulouse et de Rouergue) qui avaient pu juger de l'efficacité de l'intervention royale, firent leur soumission. Cette bataille devint légendaire dans le pays. C'est à elle qu'on rattache les exploits du comte d'Angoulême Guillaume Taillefer[218], et Aimoin y fait allusion lorsqu'il félicite Raoul d'avoir rendu la paix au pays par son triomphe sur les Normands[219].

La défaite normande fut suivie du retour des moines dans leurs couvents. Ceux de Charroux revinrent d'Angoulême où ils avaient cherché refuge. Les reliques de saint Genoul furent rapportées à Estrées, celles de saint Benoît à Saint-Benoît-sur-Loire, qui avait échappé à Rögnvald[220].

Dans le nord, la mésintelligence entre Hugues et Herbert allait croissant. Ernaut de Douai, vassal de Hugues, venait de passer au parti d'Herbert, et des hostilités accompagnées de dévastations en étaient résultées. Raoul quittant la Bourgogne où il était encore, le 23 mars, à Autun[221], s'interposa comme médiateur, réunit plusieurs plaids et parvint à conclure un arrangement. Son frère Boson y fut aussi compris. Herbert devait lui rendre Vitry[222]. On aperçoit ainsi la raison intéressée de l'intervention de Raoul en faveur de Hugues. Herbert le sentait bien et pour s'en venger, il provoqua la défection d'Anseau, vassal de Boson, qui gardait Vitry, lui donnant Coucy comme prix de sa trahison. Les représailles ne se firent pas attendre. Boson, Gilbert et les Lorrains s'entendirent avec Hugues qui leur faisait des avances, et tandis que Raoul retournait en Bourgogne, les alliés ayant opéré leur jonction assiégeaient et prenaient Douai, dont Roger de Laon fut investi par Hugues. Quant à Ernaut, réfugié auprès d'Herbert, il fut dédommagé par la cession de Saint-Quentin. Boson parvint à rentrer dans Vitry. Il enleva même Mouzon par ruse à Herbert, mais celui-ci profita de la première absence de Boson, vers la Noël, pour passer la Meuse à l'improviste et pénétrer dans la place, dont les portes lui furent ouvertes par des amis: la garnison lorraine fut faite prisonnière[223].

Herbert faisait face à tout par des prodiges d'adresse et d'activité, mais sa situation était des plus mauvaises depuis sa rupture avec Hugues. Raoul, au contraire, gagnait tous les jours en autorité. En 930, sa souveraineté s'était étendue en Aquitaine; l'année suivante il affirma à nouveau sa suzeraineté sur l'importante partie du royaume de Provence occupée par lui depuis 928. S'étant rendu avec une escorte en Viennois, il reçut la soumission formelle de son neveu Charles-Constantin, devenu comte de Vienne, au mépris des droits consentis à Eudes de Vermandois[224]. C'était la preuve évidente de sa rupture définitive avec Herbert. De là il se rendit «en pèlerinage» à Saint-Martin de Tours, en réalité auprès de Hugues, dont il se rapprochait de jour en jour davantage. Sa présence nous y est révélée en mars par un diplôme qu'il délivra le 24 de ce mois, en faveur des chanoines de Saint-Martin[225].

Bientôt après, il fut rappelé en Bourgogne par la nécessité de régler de petites difficultés d'ordre intérieur, presque domestique. La reine Emma, dont nous avons eu l'occasion de signaler à maintes reprises les hautes capacités, apportait parfois dans ses actes d'administration la hâte et l'acharnement irréfléchi qui déprécient le mérite de l'énergie.

Pour une raison inconnue, elle enleva le château d'Avallon au comte Gilbert, fils de Manassès, l'ennemi de son père Robert 1er[226]. Elle en fit autant à l'égard du monastère de Saint-Germain d'Auxerre auquel, sous un prétexte futile, elle prit la *villa Quinciacum* (en Nivernais) pour en gratifier quelqu'un de ses gens. La légende ajoute que saint Germain la punit de sa témérité en lui paralysant la langue, châtiment qui lui fut tout particulièrement pénible. Elle se rendit au monastère avec une escorte nombreuse et, suivant la chronique, obtint la guérison à la suite du don de deux agrafes[227].

Gilbert de Dijon s'allia au comte Richard, fils de Garnier de Sens, et opposa à Raoul une résistance si vive que celui-ci dut renoncer momentanément à la briser, d'autant plus que de nouvelles complications l'appelaient dans le nord[228].

Depuis la dernière expédition contre Herbert, Boson avait eu de nouvelles difficultés avec le duc Gilbert. Pour la seconde fois il y perdit son château de *Durofostum*, et Herbert en profita pour se rapprocher de Gilbert. Boson quittant alors la suzeraineté du roi Henri, beau-père de Gilbert, appela son frère Raoul, puis il se dédommagea en tournant ses armes contre son voisin, l'évêque de Châlons, Beuves, qui avait exercé des cruautés sur plusieurs de ses gens et se trouvait en relations suivies avec le comte de Vermandois. Châlons fut pris et incendié[229].

A la faveur de l'anarchie générale, le marquis de Flandre Arnoul s'empara de Mortagne, place forte avantageusement située, au préjudice des fils de Roger de Laon qui étaient parvenus à y rentrer. Raoul parut alors dans la France septentrionale, se déclarant ouvertement l'allié de Hugues et l'ennemi d'Herbert. Il enleva à ce dernier sa forteresse de Denain et assiégea ensuite Arras. Herbert accourut avec des renforts lorrains commandés par le duc Gilbert en personne. Raoul et Hugues, d'une part, Herbert et Gilbert, de l'autre, étaient en présence, à la tête de forces considérables. Une grande bataille semblait imminente. Mais avec cet esprit à la fois politique, un peu indécis et humanitaire qui caractérisait les acteurs de ces guerres civiles, on entra en pourparlers pour éviter une effusion de sang inutile, on discuta et on s'entendit pour conclure un armistice jusqu'au 1er octobre[230]. Peut-être aussi Gilbert avait-il été retenu par le scrupule de combattre son ancien suzerain, au moment où il n'existait aucun trouble dans les relations entre celui-ci et Henri de Germanie, son nouveau maître.

A quelque temps de là, la garnison rémoise d'Herbert viola la trêve en allant attaquer et détruire la forteresse de Braisne-sur-la-Vesle[231], que Hugues avait enlevée naguère à l'archevêque de Rouen, Gonthard. Raoul se décida alors à tenter un effort énergique contre la grande cité métropolitaine, véritable centre de la résistance du parti vermandois. Il essaya sans résultat d'entamer des négociations avec le clergé et les habitants de Reims, afin d'obtenir, par leur initiative, la nomination d'un véritable archevêque à la place du jeune expectant Hugues. Ses démarches échouèrent parce qu'Herbert avait réussi à s'attacher les Rémois par d'habiles largesses. Raoul n'hésita plus à se porter en avant, avec toute son armée jointe à celle de Hugues, sur Laon et Reims[232].

A son approche se manifestèrent les défections. Artaud, moine de Saint-Remy, alla trouver Hugues, et par son attitude nettement hostile à Herbert sut gagner ses bonnes grâces, dont il devait un peu plus tard apprécier toute la valeur[233].

Herbert, réduit aux abois, ne trouva d'autre moyen d'échapper à une capitulation désastreuse que de se réclamer de la suzeraineté germanique. Il retourna près du roi Henri, en Lorraine, et lui prêta de nouveau l'hommage. Mais Raoul le surveillait, sachant bien ce dont il était capable. Il se rendit jusqu'à Attigny, d'où il envoya Hugues en ambassade au roi Henri. Le roi de Germanie fut naturellement plus sensible à cette démarche de conciliation d'un rival puissant qu'à celle d'un seigneur discrédité et sans ressources[234]. Il n'était pas disposé à profiter des avances d'un allié douteux, pour tenter une intervention hasardeuse dans les querelles intestines d'un pays dont le souverain ne lui témoignait aucune hostilité. Henri et Raoul se considéraient tous les deux comme «rois des Francs» (*reges Francorum*) quoique dans leurs diplômes ils ne prissent chacun que le titre de *rex*[235]. Chacun avait été mis légitimement—selon la conception germanique—à la tête d'une fraction de l'ancien «empire franc» (*regnum Francorum*) divisé depuis la bataille de Fontenoy. La Lorraine, l'ancien royaume intermédiaire (*media Francia*) entre la France et la Germanie, n'avait pas réussi à préserver son individualité contre les ambitions des deux nations voisines, ses soeurs, et maintenant on la voyait passer de l'une à l'autre selon les caprices de la politique. Henri et Raoul avaient pu éprouver, l'un et l'autre, qu'ils devaient se borner à enregistrer la volonté de la majorité des grands vassaux lorrains, les interventions à main armée, pour peser sur leurs volontés, amenant le plus souvent des réactions en sens contraire. La Lorraine reconnaissait à ce moment la suzeraineté d'Henri: celui-ci sentait combien sa domination au delà du Rhin était précaire, et c'eût été pour lui se jeter dans une aventure dangereuse que d'ouvrir des hostilités injustifiées contre le roi des «Francs de l'ouest». En 928 déjà, dans une circonstance analogue, il avait refusé à Herbert et à Hugues, alors réunis contre leur suzerain, de les aider effectivement: à plus forte raison devait-il agir de même vis-à-vis d'Herbert seul. On ne voit donc guère pourquoi certains auteurs ont trouvé étrange qu'Henri n'eût pas secouru Herbert devenu son «vassal», et se sont laissé entraîner à supposer une reconnaissance officielle, par le roi de France, de la suzeraineté saxonne en Lorraine, pour expliquer l'attitude amicale d'Henri à l'égard de Raoul dans ces conjonctures[236]. Les chroniqueurs allemands n'eussent pas manqué de rapporter une telle clause. Or, ils sont absolument muets et pour comprendre le cours des événements, il suffit d'observer que la mobilité d'esprit d'Herbert et le mauvais état de ses affaires n'étaient pas de nature à donner confiance à un allié même entreprenant. D'autre part, en fait, la simple abstention de toute intrigue en Lorraine pouvait être acceptée de la part de Raoul, comme une concession précieuse. Il y avait enfin un intérêt supérieur pour les deux rois à ne pas encourager les rébellions de leurs vassaux respectifs.

S'étant assuré de la neutralité du roi Henri, Raoul se concerta avec le duc de France, auprès duquel nous le voyons le 21 mars 931, à Tours, confirmant les possessions de Saint-Martin[237]. A la suite de cet entretien, il marcha sur Reims, accompagné de Hugues, de Boson et d'un grand nombre de comtes et d'évêques[238]. Le quartier général des troupes royales était à Cormicy: les hommes d'armes pillaient le pays environnant, et leurs lignes de campement s'étendaient jusqu'à Bouffignereux, près de Laon[239].

Les évêques qui entouraient le roi insistèrent pour mettre fin à cette interminable vacance du siège de Reims. Raoul s'y prêta d'autant plus volontiers qu'il y voyait subordonné l'intérêt de sa politique, et il envoya un message aux Rémois pour les y inviter.

Les membres du clergé et les notables de Reims venus au camp procédèrent à l'élection, après s'être assurés du consentement des assiégés, qui ne fut pas obtenu sans difficulté. Le protégé de Hugues, le moine fugitif de Saint-Remy, Artaud, fut élu. Ce choix d'un humble ecclésiastique s'opposait à celui du seigneur féodal imposé par Herbert: on pouvait être assuré que le nouvel archevêque ne subirait aucune influence dictée par des intérêts de famille. L'élection, approuvée par le pape, était canonique autant que le permettaient les circonstances. Les dissensions entre les habitants et le découragement de la garnison, livrée à ses seules ressources, décidèrent, au bout de trois semaines, de la reddition de Reims. Le nouvel archevêque fit son entrée dans la cité, où il fut consacré solennellement en présence de dix-huit évêques[240].

On procéda ensuite au jugement d'un partisan d'Herbert, Beuves, évêque de Châlons, qui était tombé entre les mains du roi (peut-être au cours d'une sortie): il fut condamné à la destitution. Hugues se chargea de le tenir sous bonne garde, et un religieux appelé Milon le remplaça sur son siège. Le fils d'Herbert fut déclaré déchu de tout droit sur l'archevêché de Reims.

Raoul et ses alliés ne se tinrent pas pour satisfaits de leur rentrée dans la grande cité métropolitaine du nord. Ils se portèrent sur Laon, où s'était enfermé le comte de Vermandois. Se voyant dans l'impossibilité de résister, Herbert sollicita et obtint libre passage pour se retirer; mais à l'exemple de ce qu'avait fait naguère le roi, il laissa sa femme dans la forteresse récemment édifiée par ses soins. Celle-ci, après une belle défense, fut obligée de capituler[241]. La royauté rentrée en possession de ses deux boulevards du nord, Reims et Laon, était assurée par là même d'une nouvelle période de domination effective et incontestée.

Après cet important succès, Raoul se rendit au palais de Compiègne, et le 7 octobre, il y délivra, à la prière de son précieux auxiliaire Hugues, «marquis du royaume», le «très cher abbé», dans la chapelle royale de Saint-Corneille, un diplôme renouvelant les privilèges concédés à l'abbaye de Marmoutier par Charlemagne, Louis le Pieux, Charles le Chauve et Eudes[242]. Il alla ensuite passer l'hiver en Bourgogne, à surveiller les divisions intestines de l'Aquitaine et à guerroyer contre ses vassaux révoltés Gilbert et Richard. Il enleva à ces derniers plusieurs places fortes et les contraignit finalement à se soumettre[243]. Le 28 décembre, étant à Auxerre, il concéda à son fidèle Allard, à la femme et au neveu de celui-ci, Plectrude et Geilon, sur la requête d'Anseïs, évêque de Troyes, et du comte de Nevers, Geoffroy, l'abbaye de Saint-Paul en Sénonais avec des dépendances en Gâtinais[244]. C'est alors pour la première fois qu'Anseïs de Troyes paraît comme archichancelier, à la place d'Abbon de Soissons devenu suspect à cause de ses complaisances pour le fils d'Herbert II, Hugues, qu'il avait protégé a Reims[245]. Bientôt l'affaire de l'évêché de Noyon rappela le roi dans le nord. Au décès de l'évêque Airard, l'abbé de Corbie, Gaubert, avait d'abord été choisi; mais un clerc ambitieux combattit cette élection, et avec l'appui du comte d'Arras, Alleaume, qu'il introduisit traîtreusement dans la cité, il s'appropria la dignité épiscopale[246].

Quelques hommes d'armes chassés brutalement de Noyon incitèrent les habitants des faubourgs a expulser le nouveau prélat. Ils pénétrèrent en ville, les uns en escaladant une fenêtre de la cathédrale, les autres en mettant le feu à la porte. Le comte Alleaume, cherchant un refuge dans la basilique, y fut massacré au pied même de l'autel. Gaubert fut alors consacré par Artaud[247].

À la nouvelle de ces luttes, Raoul craignant de nouvelles complications, avait regagné le nord. Herbert venait d'enlever Ham au frère d'Héloin de Montreuil, Ébrard, qu'il avait fait prisonnier. Raoul commença par se concerter avec Hugues. D'accord avec lui, il rendit à Beuves de Châlons son évêché, puis, mécontent de l'attitude d'Herbert à Noyon et Ham, il se jeta à l'improviste sur l'abbaye de Saint-Médard de Soissons et en prit possession. Le comte de Vermandois sentait à tel point son impuissance qu'il ne fit rien pour essayer d'y pénétrer, une fois Raoul parti[248]. Les préoccupations royales étaient depuis quelque temps dirigées d'un tout autre côté par suite de l'entrée en scène inattendue des seigneurs méridionaux. Trois d'entre eux, parmi les plus considérables, de ceux qui s'étaient toujours tenus à l'écart de Raoul du vivant de Charles le Simple, favorablement impressionnés par la prise de Reims sur le geôlier de l'infortuné souverain, se décidèrent à prêter l'hommage: ce sont le comte de Toulouse, Raimond-Pons III, son oncle le comte de Rouergue, Ermengaud, et enfin le seigneur gascon Loup Aznar[249]. Certains historiens ont cru nécessaire de supposer une expédition de Raoul en Aquitaine, pour expliquer ce revirement si complet, surprenant au premier abord par sa spontanéité[250]. En réalité, la prépondérance politique, que Raoul avait réussi à gagner par son inlassable activité depuis la mort de Charles, suffit à donner la clef de ce brusque changement dans l'attitude des grands vassaux du midi. Ceux-ci devaient, en effet, commencer à redouter de voir se tourner contre eux les armes royales, victorieuses d'Herbert de Vermandois.

A partir de cet acte solennel de soumission, les documents publics et privés de l'Aquitaine et du Languedoc furent datés des années du règne de Raoul, comptées depuis la mort de Charles le Simple. On revenait ainsi implicitement sur le calcul d'un prétendu interrègne qu'on avait fait pendant trois années: c'était la reconnaissance formelle de l'irrégularité du procédé. Seule la Marche d'Espagne, où les comtes avaient usurpé tous les droits régaliens, échappa à la suzeraineté de Raoul; mais elle était située si loin, au delà des Pyrénées, qu'on ne pouvait guère être tenté d'y faire une expédition pour s'assurer une domination illusoire[251].

Il semble que Raimond de Toulouse ait reçu à l'occasion de sa soumission la dignité de duc d'Aquitaine, dont on le voit revêtu par la suite. On ne saurait dire cependant pourquoi cette dignité ne resta pas attachée au comté de Poitiers, car Èbles de Poitiers, fils du duc d'Aquitaine Renoul II, avait toujours été fidèle à Raoul. Il est à supposer que ce changement fut nécessité par des circonstances d'ordre politique, et peut-être même est-ce sur cette base que la soumission de l'Aquitaine avait été négociée[252].

En juin 932, Raoul était en Lyonnais, à Anse, où le 19 de ce mois, il confirmait, à la requête de Dalmace, les possessions de l'abbaye de Montolieu sises dans le pays de Carcassonne, en Narbonnais et en Razès, preuve manifeste de sa domination incontestée dans ces régions[253]. Le 21 juin et le 1er juillet, à la demande de la reine Emma et de son frère Hugues, il fit diverses libéralités au monastère de Cluny, auquel il concéda même le droit de battre monnaie[254]. Plusieurs chartes lyonnaises datées de son règne, en cette même année, prouvent qu'il peut avoir été reconnu dans ce pays avant le traité conclu entre Rodolphe II et Hugues d'Italie[255].

Pendant l'éloignement du roi, Hugues avait poursuivi les hostilités contre Herbert. Avec le secours de plusieurs évêques, il avait assiégé Amiens, occupé par les gens de ce dernier, et il réussit à se faire livrer des otages; puis il marcha droit sur la capitale du Vermandois, Saint-Quentin, et s'en empara au bout de deux mois de siège. Ces succès déterminèrent le duc de Lorraine, Gilbert, à répondre aux ouvertures de Hugues qui lui demandait son aide pour assiéger Péronne. Malheureusement tous les assauts des Lorrains furent repoussés avec pertes, et Gilbert découragé prit le parti de se retirer. Hugues sut lui faire accepter avant son départ une entrevue avec Raoul[256].

Le roi avait coopéré à l'attaque infructueuse de Péronne. Il revint encore en Vermandois, vers la fin de l'année, accompagné de Hugues, pour assiéger Ham, et il força les habitants à livrer des otages. D'autre part le marquis de Flandre, Arnoul, venait de mettre la main sur Arras, en profitant du désarroi causé par la mort du comte Alleaume, à Noyon[257]. Il ne restait plus à Herbert comme derniers réduits que Péronne et Château-Thierry. On prit les mesures nécessaires afin d'empêcher toute tentative de sa part pour rentrer à Laon, à la suite du décès de l'évêque Gosbert (932): Engrand, doyen de Saint-Médard de Soissons, qui dépendait à présent du roi, fut élu immédiatement[258].

La situation du comte de Vermandois était si précaire qu'il essaya de nouveau, comme en 931, d'obtenir l'appui d'Henri de Germanie; mais il n'eut pas plus de succès qu'auparavant, ce souverain étant aux prises avec des difficultés intérieures et engagé dans une guerre contre les Hongrois.

Au milieu de ces circonstances adverses, Herbert eut du moins la satisfaction de voir son ancien partisan, l'évêque de Châlons, Beuves, rétabli sur son siège par la faveur de Hugues, qu'il avait su se concilier pendant sa captivité. Artaud réunit même un synode pour excommunier son remplaçant éphémère, Milon, qui menaçait de troubler la paix du diocèse[259].

L'archevêque de Reims reçut à quelque temps de là, au début de l'année 933, la récompense de cet acte de haute impartialité. Les députés qu'il avait envoyés auprès du pape Jean XI, Gison et Amaury, revinrent de Home, lui rapportant le *pallium*, l'insigne réservé aux seuls archevêques[260]. Cette reconnaissance formelle par le Saint-Siège lui était infiniment précieuse, car l'intronisation de Hugues se Vermandois avait obtenu jadis l'assentiment du pape Jean X, et au point de vue du droit canon, seule une décision pontificale pouvait en réformer une autre.

Vers 933 Rodolphe II, roi de Bourgogne, obtint de Hugues d'Italie l'abandon de ses droits à la souveraineté sur la Provence, et constitua ainsi le «royaume d'Arles»[261]. Raoul qui prétendait à la suzeraineté sur Vienne, l'ancienne capitale des rois de Provence, Boson et Louis, craignit de se trouver évincé par Rodolphe à la suite de cet accord passé en dehors de lui. Il descendit avec une armée la vallée du Rhône et se fit recevoir comme suzerain dans la cité, où commandait Charles-Constantin[262]. D'autre part son frère Boson, époux de Berthe, nièce de Hugues, en possession des comtés d'Arles et d'Avignon, dominait en Provence depuis que son beau-père était parti chercher fortune en Toscane[263]. Vers cette époque Raoul put s'intituler avec raison, dans ses diplômes, *rex Francorum, Aquitanorum et Burgundionum*[264]. Le roi de Germanie, Henri 1er, occupé à combattre les

Hongrois qu'il finit par écraser cette année même sur les bords de l'Unstrutt (le 15 mars) n'avait pas pu intervenir.

Revenu dans le nord, Raoul obtint enfin la soumission de la Normandie: le jeune «marquis» Guillaume, fils de Rollon, n'étant plus retenu par ses obligations à l'égard de Charles le Simple, se décida à lui prêter hommage. Il reçut en récompense une partie du littoral contigu à la Bretagne, probablement l'Avranchin et le Cotentin[265]. Depuis plusieurs années, déjà, la lutte la plus vive était engagée entre Normands et Bretons. Un soulèvement général, suivi d'un massacre des Normands de Félécan, avait eu lieu en 931[266]. Pris entre les deux colonies scandinaves de la Seine et de la Loire, les Bretons avaient à combattre sans cesse, sur leurs frontières, des envahisseurs obstinés et intrépides, conduits par des chefs comme Ingon, qui paraît avoir succédé à Rögnvald, ou Guillaume Longue-Épée. Ce dernier réussit à avoir le dessus dans les combats livrés aux confins de la Bretagne, mais il ne put jamais étendre sa suzeraineté sur la péninsule elle-même où un peu plus tard le comte Alain Barbe-Torte, aidé par des secours anglo-saxons, parvint à former une unité féodale solidement constituée[267]. Guillaume avait néanmoins intérêt à faire confirmer les droits concédés sur ce pays par Charles le Simple à son père et à faire reconnaître la légitimité de ses dernières conquêtes. Ces raisons se présentent naturellement à l'esprit, quand on cherche à comprendre la cause du changement si considérable et si gros de conséquences qui se produisit dans l'attitude de Guillaume.

Encouragé par ce magnifique succès qui affermissait son pouvoir souverain, Raoul reprit la lutte contre le Vermandois avec une nouvelle ardeur. Accompagné de la reine Emma et d'une armée puissante, composée en partie de milices ecclésiastiques, il alla camper devant Château-Thierry. Les archevêques de Tours et de Reims, Téotolon et Artaud, qui étaient avec lui, profitèrent de la présence de plusieurs de leurs suffragants et de quelques évêques bourguignons pour réunir un synode, où Heudegier fut consacré évêque de Beauvais. Le siège dura six semaines, et la place ne fut prise que grâce à la trahison de son chef Walon, qui consentit à prêter l'hommage à la reine Emma à condition de garder son poste[268].

Ham qui s'était rendu au roi l'année précédente, était retourné au parti d'Herbert. Le fils de ce dernier, Eudes, l'occupa et s'en servit comme base pour aller piller les environs de Soissons et de Noyon. L'abbesse de Notre-Dame de Soissons fut obligée de solliciter la générosité royale, pour trouver un abri aux chanoines de Saint-Pierre dont les habitations et le cloître avaient été détruits par l'incendie[269].

Une tentative hardie d'Herbert sur Saint-Quentin put réussir, mais ce ne fut qu'un succès passager. Les habitants de la ville avaient une certaine répugnance à combattre pour Hugues, leur nouveau maître: ils facilitèrent l'assaut au comte de Vermandois qui y rentra dès le troisième jour du siège. La faible garnison laissée par Hugues obtint de se retirer, en promettant une neutralité absolue pendant la suite des hostilités. Herbert s'éloigna, confiant la garde de la ville, dont il s'exagérait l'attachement, à un très petit nombre des siens. Hugues accourut presque aussitôt, s'empara pour la seconde fois de Saint-Quentin et punit sévèrement la tiédeur des habitants: plusieurs furent mutilés et un clerc noble appelé Treduin, qu'Herbert avait récemment amené, fut pendu[270].

En quittant Saint-Quentin, Hugues, accompagné de l'archevêque Artaud, obtint la reddition de la forteresse de Roye, en Vermandois[271].

Herbert, devant la supériorité numérique de ses ennemis, fit preuve d'une opiniâtreté et d'une activité véritablement prodigieuses. Il parvint à rentrer en possession de Château-Thierry, en gagnant à sa cause quelques-uns de ses anciens partisans préposés par Walon à la garde de la place; mais il se borna à y mettre une garnison, ne voulant pas s'y enfermer lui-même afin de garder toute sa liberté pour agir[272].

A cette nouvelle, Hugues accourut assiéger la ville, malgré la mauvaise saison. Raoul, de retour en France depuis peu[273], vint le rejoindre au début de l'année 934. Ce second siège de Château-Thierry fut encore plus difficile que le premier. Enfin, au bout de quatre mois[274]. Walon le vassal de la reine, qui était avec les assiégeants, trouva moyen, grâce à sa parfaite connaissance des lieux, d'escalader pendant la nuit les murs du faubourg inférieur, au bord de la Marne. La forteresse située sur la hauteur continua néanmoins à résister. De nouveaux assauts réitérés décidèrent enfin les vaillants défenseurs à entamer des pourparlers: ils obtinrent de rester en possession du château moyennant la remise d'otages.

Le comte de Vermandois affecta de n'attacher aucun prix aux garanties données par ses gens. Raoul et Hugues se décidèrent alors à revenir, dès qu'ils le purent, continuer le siège de la citadelle de Château-Thierry. L'intervention du roi de Germanie vint fort à propos apporter le règlement au moins provisoire de cette question. Les victoires d'Henri sur les Hongrois, les Slaves et les Danois lui permettaient de répondre maintenant aux avances jadis faites en vain par Herbert.

Il envoya à son secours Gilbert de Lorraine et Éberhard de Franconie, avec plusieurs évêques lorrains; et ceux-ci réussirent négocier en faveur de leur protégé, un armistice jusqu'au 1er octobre. Mais Raoul ne consentit que moyennant l'abandon de Château-Thierry, à laisser Herbert jouir paisiblement de la possession de Péronne et de Ham pendant la trêve[275].

Cependant, d'une façon très inattendue, Herbert fut en partie dédommagé de ses revers par l'acquisition d'un puissant allié. Le comte ou marquis de

Flandre, Arnoul, se décida enfin à épouser Adèle de Vermandois, à laquelle il avait été fiancé antérieurement[276]. Herbert avait déjà apprécié la puissance d'Arnoul lorsque celui-ci avait occupé Arras, en 932. Depuis lors, le même comte était devenu maître de Boulogne et Térouanne et abbé de Saint-Bertin à la mort de son frère Allou. L'alliance d'un tel voisin, si longtemps hostile, était tout à fait inespérée.

Pendant l'armistice, Herbert se hâta d'approvisionner Péronne, et il se vengea en même temps de ses vassaux, partisans de Hugues, en confisquant leurs récoltes. Gilbert, de son côté, s'était préparé à aider de nouveau le comte de Vermandois. La trêve expirée, les Lorrains entrèrent en France, avec l'intention d'enlever Saint-Quentin; Hugues conjura le danger en envoyant des députés à Gilbert, afin de négocier un nouvel armistice. On tomba d'accord pour prolonger la paix jusqu'au 1er mai 935[277].

Vers la fin de l'année, Raoul perdit un précieux auxiliaire en la personne de sa femme, la reine Emma[278]. Quelque blâme que la légende monacale ait pu émettre sur le caractère violent et usurpateur de certains de ses actes, conformes du reste aux moeurs de l'époque, la vaillance et l'activité de cette princesse n'en méritent pas moins l'admiration. Elle avait pris personnellement part aux pénibles luttes soutenues par son mari contre les grands vassaux, et son influence politique méritée nous est encore révélée par les diplômes royaux où on la voit souvent intervenir.

Au printemps de 935, Raoul fit une courte démonstration contre un parti d'Aquitains qui avait pris *Viriliacum*[279] à Geoffroi de Nevers, son fidèle vassal. Ayant chassé les usurpateurs, il regagna le nord et profita de ses bons rapports avec Geoffroi pour le charger d'une mission délicate auprès du roi de Germanie, Henri Ier. Il s'agissait de négocier les bases d'un accord et de préparer une entrevue[280].

Pendant le séjour du roi à Laon, vers Pâques, une rixe sanglante, heureusement sans conséquences, éclata entre ses gens et ceux de l'évêque. De là, Raoul se transporta à Soissons, où il réunit les grands vassaux (*primates regni*) en un plaid: une ambassade d'Henri Ier vint l'y trouver. La rencontre des deux souverains fut fixée au mois de juin, et elle eut lieu, en effet, vers le 8, sur les bords de la Chiers[281], aux confins de la Lorraine. Outre les suites nombreuses des deux princes, on vit encore paraître, à la conférence, le roi de Bourgogne Rodolphe II, sans qu'on sache au juste la cause de sa venue; peut-être était-ce en vue de régler la question du Viennois. Herbert de Vermandois se présenta devant Raoul, et, selon l'arrangement intervenu, fit sa soumission. Le roi lui rendit solennellement plusieurs des domaines occupés par Hugues, et il réconcilia les deux adversaires. Henri obtint aussi, de son côté, la soumission de Boson, auquel il rendit à peu près la totalité de ses domaines Lorrains[282]. Ainsi Raoul avait négocié une paix définitive avec Herbert moyennant quelques concessions, dont Hugues faisait les frais, et il avait assuré la restitution à son frère Boson de ses domaines perdus. Sauf cette dernière clause, onéreuse théoriquement puisqu'elle pouvait engager la question de suzeraineté de la Lorraine, l'arrangement était fort avantageux pour Raoul.

A peine l'eut-il conclu qu'il fut rappelé en Bourgogne par une invasion hongroise. Les barbares pillèrent et brûlèrent divers monastères, notamment celui de Bèze, et à l'approche du roi, gagnèrent en hâte le midi, puis l'Italie[283]. Raoul profita du moins de sa venue pour assiéger Dijon, dont le comte Boson s'était naguère emparé et que ses gens occupaient encore[284].

FOOTNOTES:

[Footnote 213: Obituaires de Saint-Germain-des-Prés, de Saint-Denis et d'Argenteuil, dans *Obituaires de la province de Sens, éd.* A. Molinier (*Recueil des historiens de France*, in-4), t. I, p. xx, 254, 312 et 345.]

[Footnote 214: Flod., *Ann.*, a. 929.]

[Footnote 215: Flod., ibid.]

[Footnote 216: Flod., *Ann.*, a. 930; Adrevald, *De miraculis S. Benedicti*, I, C. XXXIII-IV, éd. de Certain, pp. 70-75.]

[Footnote 217: Adémar de Chabannes, III, 20 (éd. Chavanon, p. 139); Richer, I, 57; *Chron. Vezeliac.*, a. 929 (*Rec. des historiens de France*, IX, 89). Marvaud (*Hist. des vicomtes de Limoges*, 1873, I, p. 67) a identifié le lieu dit «Ad Destricios» cité par Adémar avec Estresse, près Beaulieu, dép. de la Corrèze, arr. de Brives.]

[Footnote 218: Adémar, III, 28 (éd. Chavanon, p. 149): «Willelmus ... Sector ferri, qui hoc cognomen indeptus est quia, commisso praelio cum Normannis et neutro cadenti, postera die pacti causa cum rege eorum Storm solito conflictu deluctans, ense corto durissimo per media pectoris secuit simul cum torace una modo percussione ...» Cf. J. Depoin, *Les comtes héréditaires d'Angoulême de Vougrin Ier à Audoin II* (extr. du *Bulletin de la soc. archéol. et hist. de la Charente*, année 1904), p. 14.]

[Footnote 219: Aimoin, *De miraculis S. Benedicti*, lib. II, c. III et V (éd. de Certain, p.100). En fait, il n'est plus question, à partir de ce moment, que d'une simple incursion de pillards en Berry (voy. plus loin, p. 75).]

[Footnote 220: Adémar, III, 23, éd. Chavanon, p. 144; *Translatio S. Genulfi* (*Acta SS. ord. S. Benedicti*, saec. IV. 2, p. 230). Le monastère de Saint-Benoît eut beaucoup de mal à reprendre sa prospérité antérieure. La discorde se mit chez les moines, et pour mettre fin à cet état de choses lamentable, il fallut que le comte Elisiard, à la mort de l'abbé Lambert, appelât à sa direction le célèbre réformateur Eudes de Cluny. Cf. E. Sackur, *Die Cluniacenser*, p. 88-89.]

[Footnote 221: Il y donnait un diplôme confirmatif de tous les biens du monastère de Saint-Andoche. *Recueil des historiens de France*, IX, 573 (à l'année 928); Thiroux, *Hist. des comtes d'Autun*, p. 121 (à l'année 927); L. Lex *Documents originaux antérieurs à l'an mil des archives de Saône-et-Loire, (Mém. de la Soc. d'hist. et d'archéol. de Châlon-sur-Saône*, t. VII, 4e partie, 1888, p. 266), n° XIV (au 1er avril 928, d'après une copie). Nous rétablissons ici la date de

930 en supposant une erreur d'indiction et en admettant l'année du règne (VII) comme correcte.]

[Footnote 222: Vitry-en-Perthois ou le Brûlé, dép. de la Marne, arr. de Vitry-le-François.]

[Footnote 223: Flod., *Ann.*, a. 930 et 931; *Hist. eccl. Rem.*, IV, 23.]

[Footnote 224: Flod., *Ann.*, a. 931. Cf. A. Steyert, *Hist. de Lyon*, t. II (1897), p. 192-194. Voy. plus haut, p. 54-55.]

[Footnote 225: Flod., *Ann.*, a. 931; *Recueil des historiens de France*, IX, 573; Mabille, *La pancarte noire de Saint-Martin de Tours*, no VI (136).]

[Footnote 226: Flod., ibid. Sur le différend entre Manassès et Robert, voy. plus haut, p. 1.]

[Footnote 227: *Appendix Miracul. S. Germani Autissiod. (Bibl. hist. de l'Yonne*, II, p. 197-198).]

[Footnote 228: Flod., *Ann.*, a, 931]

[Footnote 229: Flod., *Ann.*, a. 931.]

[Footnote 230: Flod., ibid.]

[Footnote 231: Aisne, arr. de Soissons.]

[Footnote 232: Flod., ibid.; *Hist. eccl. Rem.*, IV, 24; Richer, 1, 59.]

[Footnote 233: Flod., *Anna.*, a. 931; *Hist. eccl. Rem.*, IV, 24, 35; Richer, I, 61.]

[Footnote 234: Flod., ibid.]

[Footnote 235: Charles le Simple s'était intitulé *rex Francorum*, après l'acquisition de la Lorraine (*largiore hereditate indepta*), comme s'il avait été alors réellement à la tête de tout l'ancien *regnum Francorum*.]

[Footnote 236: Kalckstein, p. 185; Lippert, p. 76-77; cf. Waitz, *Heinrich I*, 2e éd., p. 141-142. Henri Ier revint encore en Lorraine à la fin de cette année. Il était à Yvoix (Ardennes) le 24 octobre 931, avec le comte Gilbert, observant sans doute les événements de France (*M.G.h., Dipl. reg. et imp. Germ.*, I, p. 65, n° 30).]

[Footnote 237: Mabille, *La pancarte noire de Saint-Martin de Tours*, n° VI (136); *Recueil des historiens de France*, IX, p. 573.]

[Footnote 238: Flod., *Ann.*, a. 931; *Hist. eccl. Rem.*, IV, 24 et 35; Richer, I, 59-61.]

[Footnote 239: Flod., *Hist. eccl. Rem.*, I, 20, *in fine*: «In Vulfiniaco-Rivo, pago Laudunensi, habetur oratorium in honore sancti Remigii dedicatum. In quo, dum Rodulfus rex Heribertum comitem persequeretur, qui episcopatum Remensem a rege sibi commendatum tenebat, homines ipsius villae res suas prepter hostiles incursus recondere studuerunt. At dum rex prefatus ad obsidendam Remensem venisset urbem et in Culmissiaco metatus esset, exercitus ejus vicinas occupavit villas. Quidam vero illorum, qui in prenotata villa, scilicet Vulfiniaco-Rivo, metatum habebant, vinum, quod in ecclesia timoris causa reconditum fuerat, invadit, et quasi tabernam constituens in eadem ecclesia, paribus suis illud vendere coepit. Haec dum ageret, pereussus morbo, repente sensum amisit, ore sibi ad aurem usque pene retorto, vitam finivit. Quod cernentes ceteri, ab hujusmodi sese cohibuere presumptione.»]

[Footnote 240: Flod., *Ann.*, a. 934; *Hist. eccl. Rem.*, IV, 24 et 35; Richer, I, 61.]

[Footnote 241: Flod., ibid.; Richer, I, 62. On a identifié, sans preuve, la forteresse construite à Laon par Herbert avec le Château-Gaillot, actuellement détruit. Cf. *Le règne de Louis IV d'Outre-Mer*, p. 32, n. 6.]

[Footnote 242: A. Giry, *Un diplôme royal interpolé pour l'abbaye de Marmoutier (Comptes rendus de l'Académie des Inscriptions et Belles-Lettres*, 1898, p. 197).]

[Footnote 243: Flod., *Ann.*, a. 932.]

[Footnote 244: *Recueil des historiens de France*, IX, 579; Quantin, *Cartul. général de l'Yonne*, I, 137, n° LXXI.]

[Footnote 245: On peut même se demander si cet «Herbert», dont il avait fait son «notaire» et puis un «chancelier royal» (*Recueil des historiens de France*, IX, pp. 570, 571 et 573) n'est pas à identifier avec le propre fils d'Herbert II.]

[Footnote 246: Flod., ibid.; Richer, I, 63.]

[Footnote 247: Flod., *Ann.*, a. 932; Richer, *loc. cit.*]

[Footnote 248: Flod., *loc. cit.*]

[Footnote 249: Flod., *Ann.*, a. 932; Bicher (I, 64) place l'entrevue sur les bords de la Loire. Cf. *Le règne de Louis d'Outre-Mer*, p. 219; J. de Jaurgain, *La Vasconie* (Pau, 1898, in-8), pp. 195 et suiv.; Lot, *Hugues Capet*, p. 204, n° 2; A. Richard, *Hist. des comtes de Poitou*, I, p. 68-69. D'après A. Degert, (*Le pouvoir royal en Gascogne sous les derniers Carolingiens et les premiers Capétiens*, dans *Revue des Questions historiques*, t. LXXII, année 1902, p. 427). Aznar aurait été un seigneur de Comminges. On peut hésiter pour la date de cette entrevue entre les années 931 et 932; (voy. *Les Annales de Flodoard*, éd. Lauer, p. 53, n. 9). Nous penchons cependant pour admettre la seconde de ces dates, à cause de la place des *Annales* où se trouvent rapportés les détails de l'entrevue.—

Flodoard a recueilli une anecdote plaisante: le seigneur gascon Loup Aznar avait, paraît-il, raconté aux Bourguignons que son cheval était âgé de plus de cent ans. On ne crut pas cependant le Gascon sur parole, ainsi qu'il ressort du ton même des Annales. Aznar montait probablement l'un de ces petits chevaux tarbes, de race arabe, très efflanqués, l'ancêtre de Rossinante.]

[Footnote 250: Kalckstein, p. 186; *Hist. de Languedoc*, nouv. éd., III, p. 110 et suiv.]

[Footnote 251: *Hist. de Languedoc*, loc. cit.]

[Footnote 252: Lot, *Fidèles ou vassaux?*, p. 55.]

[Footnote 253: *Hist. de Languedoc*, nouv. éd., V, n° 56, Anse est dans le Rhône, arr. de Villefranche.]

[Footnote 254: *Recueil des chartes de Cluny*, I, nos 396 à 398; bulle de Jean XI faisait allusion à un diplôme perdu de Raoul. Jaffé-Löwenfeld, *Regesta pontif. roman.*, no. 3584.]

[Footnote 255: Recueil des chartes de Cluny, I, nos 239, 255, 258, 411, 442. Cf. Poupardin, *Le royaume de Provence*, p. 235.]

[Footnote 256: Flod., *Ann.*, a. 932; E. Lemaire, *Essai sur l'hist. de la ville de Saint-Quentin* (*Mém. de la Soc. acad. de Saint-Quentin*, 4e série, t. VIII, 1886-7) P. 280-281.]

[Footnote 257: *Ann. Elnon. min.; Chron. Tornac.*, a. 932 (*M.G.h., Scr.*, V, 19, et XV, 2, 1296). Cf. Vanderkindere, *Formation territoriale des principautés belges au moyen âge*, 2e éd., I, 325.]

[Footnote 258: Flod., *loc. cit.*]

[Footnote 259: Flod., *Ann.*, a. 933.]

[Footnote 260: Flod., *Ann.*, a. 933. Jaffé-Löwenfeld, *Regesta pontif. roman.*, n° 3591.]

[Footnote 261: Liudprand, *Antapodosis*, III, 48 (éd. Dümmler, p.76), Poupardin, *Le royaume de Provence*, p. 230 et suiv.; *Le royaume de Bourgogne*, p. 39-60.]

[Footnote 262: Flod., *Ann.* 933. *Recueil des chartes de Cluny*, I, n° 437, 439. Cf. G. de Manteyer, *La Provence du premier au douzième siècle*, p. 131.]

[Footnote 263: Liudprand, *Antapodosis*, III, 47, *loc. cit.; Hist. de Languedoc*, nouv. éd., V, no XCII; Poupardin, *Le royaume de Bourgogne*, p. 69.]

[Footnote 264: *Recueil des historiens de France*, IX, 578 et 580. Le titre de *rex Aquitanorum* est attribué à Raoul dans plusieurs actes de Brioude postérieurs à 926 (Cf. Bruel, *Essai sur la chronologie du cartulaire de Brioude*, dans *Bibl. de l'École des chartes*, année 1866, pp. 479-480).]

[Footnote 265: Flod., *Ann.*, a. 933. Cf. Dudon de Saint-Quentin, éd. Lair, préface, p. 71; Longnon, *Atlas hist.*, texte, p. 86; Dümmler, *Zur Kritik Dudos von S. Quentin (Forschungen zur Deutschen Geschichte*, VI, 375); A. de La Borderie, *Hist. de Bretagne*, II, p. 378; F. Lot, *Fidèles ou vassaux?*, p. 184, n. 3.]

[Footnote 266: Flod., *Ann.*, a. 931; *Chron. de Nantes*, éd. Merlet, introd., pp. XLIII-XLIV; Dudon de Saint-Quentin, éd. Lair, préface, p. 71.]

[Footnote 267: Flod., *Ann.*, a. 933 et 936; *Chron. de Nantes*, éd. Merlet, c. XXIX-XXX, pp. 82-83-89; A. de La Borderie, *Hist. de Bretagne*, II, 409-410.]

[Footnote 268: Flod., *Ann.*, a. 933.]

[Footnote 269: Diplôme de Raoul du 5 mars 934 (*Recueil des historiens de France*, IX, 579, d'après Mabillon, *De re diplomatica*, p. 566).]

[Footnote 270: Flod., *Ann.*, a. 933; E. Lemaire, *Essai sur l'hist. de Saint-Quentin*, *loc. cit.*, p. 280-281.]

[Footnote 271: Flod., ibid.]

[Footnote 272: Flod., *Ann.*, a. 933.]

[Footnote 273: Il était à Attigny le 13 décembre 933. Mabillon, *Ann. Bened.*, III, 404; *Recueil des historiens de France*, IX, 578.]

[Footnote 274: Raoul était à Château-Thierry le 3 mars. Mabillon, *De re diplomatica*, n°133, p. 566; *Recueil des historiens de France*, IX, 579 (diplôme en faveur des chanoines de Saint-Pierre de Soissons).]

[Footnote 275: Flod., *Ann.*, a. 934.]

[Footnote 276: Flod., *Ann.*, a. 934; *Ann. Elnon. min. (M.G.h., Scr.*, V, 19); Witger, *Geneal. comit. Flandriae (ibid.*, IX, 303-304); lettre d'Aethelwerd (ibid., X, 439).]

[Footnote 277: Flod., *Ann.*, a. 934.]

[Footnote 278: Flod., *Ann.*, a. 934, *in fine.*]

[Footnote 279: Sur les difficultés d'identification de cette localité, voy. *Les Annales de Flodoard*, éd. Lauer, p. 60, n. 6.]

[Footnote 280: Flod., *Ann.*, a. 935.]

[Footnote 281: Flod., ibid.; Widukind, I, 39; diplôme d'Henri l'Oiseleur, du 8 juin 934 (*M.G.h., Diplom.*, I, 73, n° 40); Stumpf, n° 44-47; Waitz, *Heinrich I*, p. 470.]

[Footnote 282: Flod., *Ann.*, a. 935.]

[Footnote 283: Flod., *ibid.; Ann. Floriacenses*, a. 936; *Ann. Mettenses*, a. 934 (*M.G.h., Scr.*, II, 225, III, 133); *Chron. Vezetiae.; Chron. Dolense (Rec. des histor. de France*, IX, 90); *Ann. Besuenses*, a. 933 (*M.G.h. Scr.*, II, 246). Cf. Waitz, *op. cit.*, p. 134. *Le Chron. Dolense* place à cette date de 935 une invasion hongroise en Berry, au cours de laquelle Ebbon de Déols périt. Nous avons expliqué ailleurs (*Le règne de Louis d'Outre-Mer*, p. 24, II. 1) les raisons pour lesquelles nous considérons ce témoignage comme peu digne de foi et croyons devoir reporter l'épisode de la mort d'Ebbon en l'année 937, où la présence des Hongrois en Berry est attestée par Flodoard. Le système inverse, qui consiste à accorder plus de valeur au *Chron. Dolense* qu'à Flodoard, a été suivi par Raynal (*Hist. du Berry*, t. I, p. 336) et par M.E. Chénon dans *Un monastère breton à Châteauroux* (extr. du I. XVII des *Mém. de la Société archéol. d'Ille-et-Vilaine*), p. 7.]

[Footnote 284: Flod., ibid. Peut-être faut-il distinguer de Boson, frère du roi, ce comte homonyme qui s'empare de Dijon, bien que Flodoard ne précise pas.]

CHAPITRE VI

LA FIN DU RÈGNE.

Les conditions de l'entente des bords de la Chiers n'étaient pas faciles à réaliser. Hugues refusa, on ne sait pour quelle raison, de restituer Saint-Quentin au comte de Vermandois. Ce dernier en appela à Henri de Germanie. Plusieurs comtes lorrains et saxons vinrent, sous prétexte de médiation, rejoindre Herbert avec une forte armée, et au lieu d'entrer en pourparlers avec Hugues, ils se jetèrent sur Saint-Quentin qu'il retenait, d'après eux, indûment. La ville fut obligée de se rendre. Herbert, craignant de n'être pas en mesure de conserver une si difficile conquête, son ancienne capitale, dont il avait éprouvé à deux reprises l'attachement douteux, n'hésita pas à laisser des étrangers raser la forteresse. Ce succès avait à ce point mis en haleine ses alliés (*amici*) qu'ils parlaient maintenant d'attaquer Laon. Il fallut l'intervention royale pour les en détourner[285].

Après sa femme, Raoul perdit son frère. Boson avait pris part à l'expédition lorraine contre Hugues. Le 13 septembre, selon un diplôme, il s'était rencontré avec le roi à Attigny[286]. Peu après il mourut et fut enseveli en l'abbaye royale de Saint-Remy de Reims, à laquelle il avait jadis concédé Domrémy[287]. C'était un précieux auxiliaire de Raoul et un utile représentant des intérêts français en Lorraine qui disparaissait.

La paix intérieure, rétablie à grand'peine, faillit être troublée par une nouvelle invasion des Normands de la Loire. Les habitants du Berry et de la Touraine parvinrent heureusement à les arrêter[288]. Vers le même temps, Artaud réunissait un synode de sept évêques à Fismes, en l'église Sainte-Macre, pour aviser aux moyens de faire cesser définitivement les brigandages[289]. L'ère des luttes féodales semblait enfin close. Maintenant le rôle du roi devait être différent. Après douze années d'efforts, Raoul déclare dans un diplôme délivré le 13 septembre 935, à Attigny, qu'il entend désormais se vouer à l'administration paisible de son royaume et qu'il compte maintenir ses sujets dans le devoir par la confiance et non par la force des armes. Ce curieux document renferme en outre une concession du donjon royal d'*Uxellodunum*, en Quercy, au monastère de Tulle: la forteresse édifiée jadis pour résister aux Normands devait être rasée, afin qu'elle ne pût dorénavant servir à des entreprises hostiles, après la pacification définitive du midi[290].

Il ne fut pas donné à Raoul de gouverner en paix ni de jouir bien longtemps du fruit de ses efforts. Il tomba malade en automne, et retourna souffrant dans son duché[291]. Le 12 décembre, il était à Auxerre où il confirmait diverses concessions du comte Geoffroi de Nevers à son évêque Tedalgrinus[292]: il y expira le 14 ou le 15 janvier suivant[293]. On ignore son âge, mais il devait être encore jeune, quoique épuisé par treize années de luttes presque sans trêve. Conformément à son désir, il fut inhumé à Sainte-Colombe de Sens. Comme l'église venait d'être incendiée au cours de troubles récents, ce ne fut que le 11 juillet que ses restes furent ensevelis au milieu du choeur, auprès de ceux de son père, qui reposaient dans la crypte de Saint-Symphorien, et de ceux du roi Robert, à droite de l'autel[294]. Le roi Louis d'Outre-Mer, couronné le 19 juin, ayant séjourné à Auxerre le 25 et le 26 juillet, semble avoir dû assister avec Hugues le Grand aux funérailles de son prédécesseur. Raoul avait légué au monastère de Sainte-Colombe une partie de sa fortune privée, sa couronne d'or enrichie de pierres précieuses et le superbe mobilier de sa chapelle comprenant des ornements d'autel, des calices, des reliquaires et des manuscrits. Ce trésor fut longtemps l'orgueil de l'abbaye. Malheureusement, en 1147, l'abbé Thibaud emporta la couronne de Raoul à la seconde Croisade, et comme il mourut en Orient, cette magnifique pièce d'orfèvrerie fut irrémédiablement perdue[295].

D'après l'auteur de la Chronique de Saint-Bénigne de Dijon et Aubry de Trois-Fontaines, Raoul aurait eu un fils appelé Louis[296]. Un diplôme de sa mère Adélaïde, daté de 929, où il est question d'un Louis «son petit-fils» (?), *Ludovicas repos*, paraît bien venir confirmer ces assertions[297]. En tout cas, cet enfant était mort avant son père, puisque le décès de Raoul amena une restauration carolingienne, le rappel d'outre mer du fils de Charles le Simple, nommé lui aussi Louis.

Un trait psychologique est intéressant à relever: c'est la persistance avec laquelle, même dans les régions où l'on avait le plus longtemps refusé de reconnaître la suzeraineté de Raoul, on continua pendant plusieurs mois à dater les actes en prenant pour point de départ le jour de sa mort. On ignora ainsi volontairement la restauration du jeune rejeton de cette dynastie carolingienne, à l'égard de laquelle on avait affecté jadis une si inébranlable fidélité, parce que la fiction d'un interrègne semblait à présent le meilleur prétexte aux revendications d'indépendance. On conçoit qu'en face d'un tel état d'esprit, conséquence directe du mouvement féodal, et après avoir eu sous les yeux l'exemple des extraordinaires difficultés du règne de Raoul, Hugues le Grand n'ait pas osé briguer la succession du roi défunt et qu'il ait préféré se mettre à la tête du parti qui rappela le jeune Louis, son propre neveu par alliance.

CONCLUSION

Sur Robert il est impossible de formuler aucune opinion, tant sa carrière a été promptement brisée. Nous nous bornerons à enregistrer qu'après avoir été très sévèrement jugé par ses contemporains, il est devenu un héros épique sous le nom de Robert de Montdidier[298]. Les appréciations qu'on a formulées au sujet de Raoul ne sont pas toutes concordantes. Pour les uns c'est un usurpateur, et par suite l'universalité de ses actes est comprise dans la même réprobation générale. Pour les autres, au contraire, ses qualités personnelles en font une figure sympathique à tous les égards. Il est incontestable que sa valeur militaire suffit à le mettre hors de pair. Dans les nombreuses luttes qu'il eut à soutenir, il paya toujours de sa personne, et il fut grièvement blessé en combattant les Normands. Il semble même, à dire vrai, que son audace soit allée souvent jusqu'à la témérité, et que son instinct guerrier une fois déchaîné ne fût pas exempt d'une certaine cruauté.

S'il se montra d'une bravoure accomplie en un siècle où la vaillance était la première des vertus, il n'en posséda pas moins à un haut degré les qualités nécessaires pour gouverner. Il était versé dans les lettres[299]. Les chroniqueurs contemporains ont loué sa dévotion et sa générosité envers les églises, ce qui, sous la plume d'écrivains ecclésiastiques, signifie qu'il sut faire des largesses utiles à son influence et comprit les nécessités matérielles de son temps. Les abbayes de Sainte-Colombe de Sens et de Saint-Germain d'Auxerre, dont il était avoué, les églises d'Autun, d'Auxerre[300] et d'Orléans[301], les abbayes de Saint-Martin de Tours[302], de Saint-Benoît-sur-Loire[303], de Tulle[304] et de Cluny[305] furent comblées de ses dons. Il se montra toujours protecteur de la justice et de l'ordre, suivant les traditions de son père Richard, qu'on a précisément surnommé le «Justicier»[306]. Aussi est-ce à lui que s'adressa le pape Jean X pour faire restituer à l'abbaye de Cluny les domaines occupés par Guy, abbé de Gigny, en violation du testament de Bernon[307].

Toujours prêt à combattre contre des difficultés sans cesse renaissantes, il déploya une admirable activité, pendant les douze années que dura son règne. Sa fermeté, sa constance et aussi son savoir-faire se trouvent amplement décelés par les circonstances de sa vie. Il est loin d'égaler le politique sans scrupule qu'est Herbert de Vermandois; mais il sait se tracer une ligne de conduite et exécuter, malgré les obstacles, un plan arrêté à l'avance. La manière dont il se servit de son frère Boson, en Lorraine et en Provence, et les phases diverses de sa lutte contre Herbert, admirablement menée après quelques hésitations au début, en apportent la démonstration la plus limpide.

On a très justement mis en parallèle Raoul avec ses contemporains, les souverains allemands Conrad de Franconie et Henri de Saxe, et on a observé que la comparaison ne lui était en rien défavorable[308]. S'il fut moins heureux que le second, dont le fils Otton le Grand put recueillir l'héritage et l'accroître, du moins arriva-t-il à faire reconnaître partout sa souveraineté, ce à quoi le premier ne put jamais parvenir.

L'oeuvre de Raoul fut difficile principalement à cause du régime social de son royaume, où la féodalité en se constituant avait déterminé l'anarchie. Les intérêts particularistes des seigneurs, opposés les uns aux autres, rendaient extrêmement ingrate la tâche d'un roi féodal, dont l'autorité dépendait du concours des grands vassaux. La soif d'accroissement d'Herbert de Vermandois amena sa rupture avec Raoul. Le fils de Robert Ier, Hugues, fut d'abord entraîné par lui contre un suzerain trop peu docile qu'il regretta naturellement très vite de s'être donné; il ne se rapprocha de Raoul que lorsqu'il le vit suffisamment affaibli et qu'Herbert devint dangereux pour lui-même. Les grands avaient espéré, en créant roi le duc de Bourgogne, régner à sa place et s'en servir comme d'auxiliaire contre les Normands, et ils se heurtèrent à la volonté d'un homme autoritaire et actif qui entendait gouverner autrement que de nom. Ils s'aperçurent qu'ils s'étaient donné un maître et ils éprouvèrent bien vite que le pouvoir royal entre les mains d'un roi élu par eux était devenu plus fort qu'entre celles d'un dynaste affaibli. Toutefois à un point de vue plus élevé, le choix de Raoul avait été excellent au moment où s'ouvraient les successions de Lorraine et de Provence, puisqu'il était allié aux familles royales de ces pays, que son frère Boson y était possessionné et épousa même la petite-fille de Lothaire II de Lorraine, nièce de Hugues de Provence.

La difficulté de la tâche de Raoul était encore accrue par la rivalité du roi de Germanie en Lorraine. Celui-ci avait affaire à une féodalité moins développée et, partant, plus aisée à dominer. En dehors des grands feudataires laïques et ecclésiastiques, il ne semble pas qu'il y ait eu alors en Germanie le même esprit d'indépendance dans cette classe turbulente des comtes et vicomtes désireux de s'accroître, qui empêcha même un moment Raoul d'être assuré de la soumission de son propre duché. Il est vrai que pour satisfaire les goûts belliqueux et les appétits insatiables de tous ces féodaux, Raoul ne disposait pas, comme Henri l'Oiseleur, de nouveaux territoires conquis sur les Slaves. Il n'avait que les rares débris d'un domaine royal tellement ébréché par ses prédécesseurs qu'il comprit la nécessité de le sauvegarder à tout prix.

C'était la troisième fois qu'un roi désigné par une élection véritable parvenait au trône de France. Cette royauté féodale naissante nous est en somme très mal connue, faute de documents. Il semble qu'elle puisse être ainsi définie: un suzerain choisi par l'élection des grands et consacré par l'onction religieuse, qui est le seigneur des seigneurs et dont tous les sujets sont considérés comme les vassaux. Elle paraît dépouillée de presque toutes les prérogatives de la souveraineté. Les mesures générales prises par le roi, levées d'hommes ou d'argent, ont un caractère exceptionnel et transitoire. Il n'y a plus d'armée royale, plus d'impôts, plus de dîmes, plus de justice royale. Nous assistons à l'abandon successif du droit régalien de battre monnaie en faveur des grands feudataires laïques et ecclésiastiques. Enfin il n'existe plus de législation royale édictée par des capitulaires: depuis Carloman, on trouve trace uniquement de mesures d'ordre privé, prises par de simples diplômes. Néanmoins telle était la force des souvenirs récents de la puissance d'un Charlemagne ou d'un Charles le Chauve, que le principe de l'unité monarchique, contre-poids nécessaire au morcellement féodal, prévalut sur le système des anciens partages germaniques, dont Louis le Bègue avait encore fait l'application. Cette royauté apparaissait comme un élément stable, dans l'anarchie issue de la décomposition d'un ancien organisme en ruines et conséquence naturelle des nouveaux phénomènes sociaux[309].

Des bords de l'Escaut jusqu'en Navarre, Raoul parvint à faire reconnaître sa suzeraineté, grâce â son habile politique et à son ascendant moral, fruit de ses victoires sur. les Normands qu'il tailla en pièces en de rudes batailles, à Chalmont, Estresse, Eu et Fauquembergue. Il donnait des actes relatifs au comté de Tournai[310], et le seigneur gascon Loup Aznar qui vint lui prêter hommage, du fond de la Gascogne, sur sa «rossinante» était, semble-t-il, le propre beau-père de Sanche-Garcie[311]. Enfin des monnaies au nom de Raoul étaient frappées notamment à Angoulême, Beauvais, Bourges, Château-Gaillard, Château-Landon, Châteaubleau, Châteaudun, Chartres, Compiègne, Dreux, Etampes, Langres, Laon, au Mans, au Puy, à Meaux, Nogent, Nevers, Orléans, Paris, Poissy, Saint-Denis, Sens, Soissons, peut-être à Lyon[312].

Le passage de Raoul au pouvoir eut cependant, on ne peut le nier, deux résultats fâcheux: la perte de la Lorraine et la reprise des hostilités par les Normands. S'il réussit à forcer ces derniers à la paix, et s'il parvint à étendre sa suzeraineté sur le Viennois, Raoul ne rentra néanmoins en possession de la Lorraine que temporairement et ne fut jamais reconnu dans la Marche d'Espagne[313]. Ainsi la France se trouva amoindrie, en passant des mains du Carolingien réputé «simple», en celles d'un roi féodal choisi par les grands à cause de ses brillantes qualités et de sa redoutable puissance matérielle. La cause en remonte principalement, il convient de le reconnaître, aux perpétuelles intrigues des grands eux-mêmes, surtout à celles d'Herbert de Vermandois, homme néfaste qui, toute sa vie, fut le mauvais génie de son pays et qui assume, en grande partie, devant l'histoire, la responsabilité d'avoir rendu impossible une domination française durable en Lorraine ou en Provence[314].

APPENDICE

FRAGMENTS INEDITS DE L'ANONYME DE LAON, CONCERNANT HERBERT II, CONTE DE VERMANDOIS.

MM. Alexandre Cartellieri et Wolf Stechele viennent de publier une excellente édition du texte de la partie de la *Chronique universelle* de l'Anonyme de Laon, concernant les années 1151 à 1219[315]. Bien que ce soit là le morceau capital et vraiment original de l'ouvrage, il ne faudrait pas dédaigner systématiquement tout ce qui précède. Divers passages peuvent présenter de l'intérêt sinon au point de vue purement historique, du moins au point de vue légendaire. En voici un exemple. Ce sont deux extraits relatifs à Herbert II, comte de Vermandois, renfermant une quantité de détails précis qu'on ne trouve pas ailleurs. On y relève déjà la fameuse anecdote de la pendaison d'Herbert, que j'ai signalée ailleurs[316] dans la partie inédite de la Chronique de Guillaume de Nangis, dont il est à présumer que l'Anonyme est la source. Il est impossible, en l'état des choses, de formuler une hypothèse motivée sur la façon dont l'Anonyme a pu réunir les renseignements qu'il fournit: en tout cas il paraît bien difficile d'admettre qu'il n'ait puisé qu'à la tradition orale.

BIBL. NAT., MS. LAT. 5011, FOL. 104[317]:

«Karolus rex Francorum Robertum, fratrem Odonis, sibi congressum juxta Suessionem cum multis suorum interfecit auxilio Lotharingorum.—Anno II [regni Henrici]. Hic est annus XXI Karoli qui dictus est Simplex, quod (sic) omnes proceres regni regem habent exosum propter quemdam Haganonem obscure natum, quem rex habuit consiliarium; qui cum injuriatus fuisset Herberto comiti Viromandensium, cui suberat omnis terra ab Alhamarla usque Namucum[318], nec rex eidem justiciam fecisset, conquestus est cunctis baronibus repli. Postea cum interfuisset idem comes curie Aquisgrani, inperator volens ei addere terram a Namuco usque Renum, insuper fecit eum prothospatarium inperii ut laboraret id perficere, quod rex inperatori faceret hominium. Tunc fertur Herbertum respondisse se ista lion debere, presertim cum ipsum regem licet sibi exosum non efesticaverat[319]. Inducias querit, regem adit, conqueritur nec ei emendatur, set magis ei conviciis injuriatur, unde magis contra regem exasperatur. Rediit comes ad imperatorem. Congregatur exercitus; non latuit regem neque barones regni. Comes vero Tiebaldus Blesensis non odiosi regis amore set regni affuit regi; et cunctis tocius regni navibus et naviculis Parisius adductis, ne transitus fluviorum hostibus pateret[320], et tradito sibi sigillo regio, scripsit comes memoratus cunctis regni proceribus sigillatim ne in tali articulo deessent corone, quod fieret eis et eorum posteris obprobrium sempiternum. Quid multa? Aderant[321] omnes, sed interim inperator Parisius venit. Fit colloquium inter comites Herbertum et Theobaldum, et dato Herberto signo utrum Francorum excercitus venturus esset necne, quisque ad suum regem revertitur. Statuto vero die et hora fuit uterque in loco sibi ante prefixo, Secane fluvio interfluente. Tunc comes Theobaldus, secundum signum quod inter se fecerant, erecta virga, quam manu portabat in altum, deinde submissam viriliter fregit et frustra in Secanam projecit. Tunc cogito exercitus et baronum adventu, Herbertus sucgesit inperatori ut recederet. Inperatore reverso, obsedit rex Herbertum infra Peronam, qui locus *Cignorum Mons* vocabatur[322], quem pro tutiori loco tocius terre sue habebat, obi proceres suos cum rebus sibi caris adesse fecerat. Obsidione per aliquot dies perdurante, diffidunt obsessi de viribus suis et ciborum penuria. Rex vero, procerum [fol. 104, v°] consilio cummunicato, Herbertum nec salvo ejus honore nec ad misericordiam, sicut se obtulerat, recipere volens, obtulit se ad regis voluntatem, quod rex cura suis principibus annuit gratanter. Tunc Herbertus, quia res promta ei erat, subtili et versuto dolo usus est: «Mi, inquit, rex pro meis baronibus, qui in nullo tuam offenderunt majestatem, rogo ne vulgi manibus tradantur. Est enim servorum condicio semper nobilitati contraria. Benefaciens principibus tuis donativa hec tam grata, pro inpensa libi gratia et eorum laboribus recompensa.» Tunc principes, hac pollicitatione cecati, collaudant viri consilium. Eliguntur de primoribus usque ad quinquaginta qui cum rege municionem ad dividenda inter se spolia intraverunt. Set Herbertus, non immemor doli a se excogitati, armatorum manum de abditis exire jussit et regem cum omnibus castrum ingressis cepit et custodire mancipavit. Que res cum innotuisset exercitui qui foris regressum suorum precelabatur, velut grex bestiarum sine pastore collectis sarcinulis suis nimio neglectis discedunt. Fuerunt cum rege sublimes principes [Willelmus][323] dux Normannie, [Conanus][324] dux Britannie, [Willelmus][325] dux Aquitanie, [Amphusus][326] dux Narbonensis provincie, [Odo][327] dux Burgundie, comites [Fulco][328] Cenomannensis, [Galfridus][329] Andegavensis, [Arnaldus][330] Engolismensis, Hugo[331] Campanensis, Richardus[332] Pontuensis, Hugo[333] Parisiensis, Theobaldus[334] Blesensis. Barones vero erant cum rege quamplurimi. Hos omnes allocutus est Herbertus, cum esset sub ejus custodia, dicens se nullum rancorem ad eos tenere, set tamen adversus regem, et, si vellent se ei prestare caucionem juratoriam quod super hoc facto de cetero contra eum arma non producerent nec ferri facerent, muneratos eos ad propria remitteret. Juraverunt omnes arma contra eum nunquam conrepturos, ad propria sunt restituti.

Solus vero sub custodia tenebatur rex simplex. Argrina[335] vero, cum Ludovico filio vix quinquenni, ad patrem suum reversa est in Angliam. Radulfus quidam, assencientibus sibi quibusdam de primoribus regni, coronatur. Interca rex de custodia elapsus, ad lapidem qui usque hodie extra Peronam erectus servatur ob memoriam[336] veniens, cepit deliberare quo se verteret, sciens se nullum fidum habere amicum. Tandem cogitante illo quod per neminem alium tam de facili posset regnum recuperare quam per

Herbertum, [fol. 105] si vellet ejus misereri, reversus est ad custodes a quibus evaserat. Illi recognito, de vita sua timentes si forte iterato evaderet, mandaverunt ut alios regi provideret custodes. Comes autem adveniens, de evasione regis furens, ipsum enervavit. Rex autem pre dolore nimio infra breve tempus mortuus est Perone exul et martir.»

FOL. 105, v°-106.

«Ludovicus, rex Francorum, omnibus modis laboravit gratiam principum regni Francorum obtinere et maxime Hereberti, comitis Viromandorum. Hic, primo anno Ottonis imperatoris, curiam quam sollempnem apud Laudunum tenuit. Cui ad mandatum et ad preces regis omnes proceres regni interfuerunt, exceptis paucis qui se litteris suis excusaverunt. Cumque omnes cum rege una essent in loco, ecce quidam brevigerulus in modum cursoris apte aptatus, sicut rex ipse elam aliis ordinaverat. Is ingeniculatus ad pedes regis, palam omnibus, quasi de Anglia tunc advenisset, regem ex parte avi sui regis Anglorum[337] salutavit. Rex vero ex nomine nuncium resalutavit. Erat ei nomen Galopinus[338], et data regi epistola et a cancellario lecta subrisit rex, dicens: «Revera dubium non est Anglos sensu esse pueriles et fatuo, nec id mirum cum extra mundum conversentur[339]!» Tunc principibus de re querentibus, ait rex: «Avus meus rex hec mandat: Quidam rurestris homo dominum suum invitavit ad epulas et eum infra domum suam morte ignobili jugulavit. Querit igitur per vos, o proceres Francie, quod sit mortis genus ceteris magis probrosum, quo moriatur qui hoc fecit.» Comes vero Theobaldus Blesensis, ceteris sensu et in dandis consiliis clarior, rogatus sic ait: «Non est, meo judicio, inter mortes, que magis heredibus et amicis in obprobrium vertatur sempiternum, quam interire suspendio.» Hanc vero comitis sentenciam cum omnes et ipse comes Herebertus approbassent, prosilientes armati qui aderant a rege ordinati, arreptum eum in monte quodam, jubente rege, suspenderunt, sic dicente rege ad eum: «Tu dominum tuum patrem meum rege[m] invitasti, et infra domum tuam ignominiose occidisti, nunc recipe quod meruisti.» Mons vero, in quo suspensus interiit, usque in hodiernum diem *Mons Herberti* appellatur.»

FOOTNOTES

[Footnote 285: Flod., *Ann.*, a. 935; E. Lemaire, *Essai sur l'hist. de Saint-Quentin*, *loc. cit.*, p. 281.]

[Footnote 286: *Recueil des historiens de France*, IX, 580.]

[Footnote 287: Flod., *loc. cit.*; Varin, *Archives législatives de Reims*, II, 1, p. 169, note.]

[Footnote 288: Flod., *Ann.*, a. 935. Cette invasion normande en Berry a pu être confondue par l'auteur du *Chron. Dolense* avec l'invasion hongroise qui eut lieu deux ans après dans la même région. Voy. ci-dessus, p. 75, n. 4.]

[Footnote 289: Flod., ibid. et *Hist. eccl. Rem.*, IV, 25.]

[Footnote 290: *Recueil des historiens de France*, IX, 580; Justel, *Hist. de la maison de Turenne*, pr., P. 16, Ce document d'une forme assez insolite n'est connu que par une copie.]

[Footnote 291: Flod. *Ann.*, a. 935.]

[Footnote 292: *Recueil des historiens de France*, IX, 581; R. de Lespinasse, *Le Nirvernois et les comtes de Nevers*, t. I, p. 174.]

[Footnote 293: Flod., *Ann.*, a. 936; *Hist. eccl. Rem.*, IV, 24; Richer, I, 65; Adon, *Contin. altera*, au 14 Janvier; *Ann. Floriae.*, a. 936; *Hist. Francor. Senon.*, au 15 janvier; *Ann. S. Germani Paris.*, a. 942, *S. Medardi Suession. S. Quintin. Veromand.*, a. 936 (*M.G.h., Scr.*, II, 326, 255; IX, 366; III, 168; XXVI, 520; XVI, 507); *Ann. S. Columbae Senon.*, au 14 janvier (Duru, *Bibl. hist. de l'Yonne*, I, 205); nécrologe de Nevers, au 15 janvier et nécrologe d'Auxerre au 14 janvier (Lebeuf, *Mém. concernant l'hist. d'Auxerre*, II, p. 48 et pr., p. 274; nouv. éd., III, 48 et IV, 9); Clarius, *Chron. S. Petri Viri Senon.*, au 13 janvier (*Rec. des histor. de France*, IX, 34); L'obituaire de Sainte-Colombe de Sens fournit la date du 12 janvier qui est moins vraisemblable (*Obituaires de la province de Sens*, éd. A. Molinier, P. 15): «11 id. jan. Depositio domni Rodulfi regis. Hic debet thesaurarius pitantiam sollempnem conventui».]

[Footnote 294:*Append. Miracut. S. Germ. Autiss. (Bibl. hist. de l'Yonne*, II, 198). Le Psautier de la reine Emma (Mabillon, *De re dipl.*, p. 200) donne le 11 juillet: «Depositio Rodulfi ineliti regis v. idus julii.»—Sur le lieu de sépulture, voy. Quesvers et Stein, *Inscriptions de l'ancien diocèse de Sens*, t. II (Paris, 1900, in-4), p. 46-47, et Bibl. nat., *Coll. de Champagne*, vol. 43, fol. 114 verso.]

[Footnote 295: *Ann. S. Columbae, Senon.*, a. 1148; *Contin. Adon. alt. (M.G.h., Scr.*, I, 107; II, 326).]

[Footnote 296: *Chron. S. Benigni Dirion. (Rec. des histor. de France*, VIII, 243); Hugues de Flavigny, *Chron.*; Aubry de Trois-Fontaines, *Chron., (M.G.h., Scr.*, VIII, 359; XXIII, 757).]

[Footnote 297: *Recueil des chartes de Cluny*, I, p. 358, n° 379 (donation de Romainmoutier à Cluny, en 929): «... pro annua germani et dulcissimi mei domini Rodulfi regis, harum videlicet rerum largiloris, tum vero pro requie domini mei piae memoriae principis Richardi ac pro Vuella regina, dehinc pro me et domino Rodulfo rege, filio meo, iitem *(sic)* Rodulfo rege nepote meo, pro aliis quoque filiis meis Hugone, Bosone, et *Ludovico nepote* scilicet et pro coeteris consanguineis nostris atque his qui nostro servitio adherent, pro genitore etiam ac genitrice mea et domino Hugone, insigni abbate, seu ceteris nostris utriusque sexus propinquis ... »]

[Footnote 298: F. Lot, *Études sur le règne de Hugues Capet*, p. 305, 307 et 327.]

[Footnote 299: Richer (I, 47): «virum strenuum et litteris liberalibus non mediocriter instructum».]

[Footnote 300: *Gesta pontificum Autissiodor.*, c. 41 et 43 (*Bibl. hist. de l'Yonne*, I, p. 362, 378 et 379).]

[Footnote 301: Diplôme royal perdu mentionné dans une bulle de Léon VII du 9 janvier 938. Jaffé-Löwenfeld, *Regesta pontif. roman.*, n° 3607.]

[Footnote 302: Bibl. nat., Coll. Baluze, vol. 390, n° 508. Cf. Mabille, *La pancarte noire de Saint-Martin de Tours*, n° VI (136).]

[Footnote 303: *Vila S. Odonis*, I. III, c. 8: «Per illud tempus vir Elisiardus, qui tunc erat comes illustris nunc vero in monastico degit habitu, audiens infamiam horum monachorum, proedictam abbatiam a Rodulfo rege petiit et accepit, acceptamque patri nostro tradidit» (Mabillon, *Acta SS. ord. S. Bened.*, saec. V, p. 182). D'après Aimoin, *De miraculis S. Benedicti*, II, c. III (éd. de Certain, p. 100), Raoul tua même de sa main l'usurpateur d'un domaine (Dyé, dans l'Yonne, arr. de Tonnerre) dépendant de l'abbaye de Saint-Benoît-sur-Loire.]

[Footnote 304: *Recueil des historiens de France*, IX, 578 (diplôme de Raoul faisant allusion à un autre diplôme aujourd'hui perdu).]

[Footnote 305: Bruel, *Recueil des chartes de Cluny*, I, *loc. cit.*, et n° 408 (charte des moines de Cluny faisant allusion à un diplôme de Raoul qui semble perdu).]

[Footnote 306: *Chron. S. Benigni Divion.*: «Et hoc post mortem Richardi ducis qui ab executione justitiae cognomen accepit» (éd. Bougaud et Garnier, p. 280).]

[Footnote 307: Jaffé-Löwenfeld, *Regesta*, n° 3578; *Recueil des historiens de France*, IX, 217 et 718; cf. E. Sackur, *Die Cluniacenser*, p. 67.]

[Footnote 308: Lippert, p. 99.]

[Footnote 309: C. Rayel, C. Plister et A. Kleinclausz, *Le christianisme, Les Barbares, Mérovingiens et Carolingiens* (t. III de Lavisse, *Hist. de France*, Paris, 1903, in-8), p. 121 et 437-438; P. Viollet, *Hist. des instit. polit. et admin. de la France*, II, p. 22; Fustel de Coulanges, *Hist. des instit. pol. de l'anc. France. Les transformations de la royauté pendant l'époque carolingienne*, pp. 697-698. Sur la royauté féodale constituée, voy. Plister, *Robert le Pieux*, p. 86-179, et A. Luchaire, *Hist. des instit. monarchiques*, 2e éd., 1, p. 84, 43 et suiv., *Manuel des instit. franç.*, p. 457; Glasson, *Hist. du droit et des instit. de la France IV*, p. 487 et suiv., V, p. 282; Esmein, *Cours élém. d'hist. du droit français*, p. 484.]

[Footnote 310: Wauters, *Tabl. chronol. des chartes et diplômes impr. concernant l'hist. de la Belgique*, I. 1, p. 338.]

[Footnote 311: J.-F. Bladé, *Origine du duché de Gascogne* (Agen, 1897, in-8), p. 37.]

[Footnote 312: Gariel, *Les monnaies royales de France sous la race carlovingienne* (Strasbourg, 1883, in-4.) p. 299 et suiv.]

[Footnote 313: *Marca Hispanica*, col. 386, et Append., col. 846-847. Le seul acte où le nom de Raoul apparaisse, concerne le Roussillon: il est tiré du cartulaire d'Elne (loc. cit., no LXXII). *Chron. Barcinonense (Marca Hisp.*, Append., col. 738): «Karolus rex post obitum Odonis XXIII annos, III menses. Post cujus obitum non habuerunt regem per annos octo.» (Voy. aussi *Espana sagrada*, t. XXIX, p. 199, et XLIII, p. 125 et 400, no XVII: Charte du comte d'Urgel Suniaire, datée de 934, sixième année après la mort du roi Charles); Bofarull y Mascaro, *Los condes de Barcelona rindicados*, t. 1 (Barcelone, 1836, in-8) p. 49. Eckel (p. 147) a montré par les dates du Cartulaire d'Elne que Raoul ne fut reconnu en Roussillon qu'en 932 et que l'on comptait ses années de règne à partir de la mort de Charles le Simple (929).]

[Footnote 314: M. Flach, dans *Les origines de l'ancienne France*, t. III (Paris, 1904), p. 397, a très exactement caractérisé la politique d'Herbert II.]

[Footnote 315: *Chronicon universale Anonymi Landunensis, von 1154 bis zum Schluss* (1219), éd. Alexander Cartellieri et Wolf Slechele. Leipzig-Paris, 1909, in-8, 87 pages.]

[Footnote 316: *Le règne de Louis IV d'Outre-Mer*, pp. 296-298. M. Longuon vient de fournir tout dernièrement une date de jour pour la mort d'Herbert II, le 23 février 943, d'après les obituaires de Reims (*Nouvelles recherches sur Raoul de Cambrai*, dans *Romania*, XXXVIII, p. 229).]

[Footnote 317: Le même passage se retrouve dans le ms. de Berlin Phillipps 144, fol. 99 et suiv.]

[Footnote 318: Il s'agit d'Aumale (Seine-Inférieure, arr. de Neufchâtel-en-Bray) et de Namur (Belgique).]

[Footnote 319: Pour *effestucaverat*, abandonner selon la forme juridique de la *festuca*. Cf. le passage fourni par le ms. C² de la *Chronique* d'Adémar de Chabannes, 1. III, c. 22(éd. Chavanon, p. 142), déjà cité plus haut, p. 9, n. 2.]

[Footnote 320: Ce trait est un souvenir de ce que fit Hugues le Grand lors de l'expédition d'Otton Ier, en France, en 946. Richer, II, c. 57; Cf. *Louis d'Outre-Mer*, p. 151. Il y a là une confusion bizarre entre l'expédition d'Otton Ier de 946 et l'aide prêtée par les Lorrains à Charles le Simple.]

[Footnote 321: Ou *accesserant*. Le manuscrit porte «acerant» *(sic).*]

[Footnote 322: Il n'existe pas de lieu dit «Mont-des-Cygnes», à Péronne, mais dans les *Virtutes Furesei abbatis Latiniacensis* (M.G.h., Scr. *rer. Merov.*, IV, pp.

444 et 447) on trouve les passages suivants: «praeparabo montem Cygnopum qui Perrona noncupatur» et «deduxerunt sanctum corpus ad montent Cygnophum». Sur cette dénomination de la colline de Péronne, voy. F.-J. Martel, *Essai hist. et chronol. sur la ville de Péronne* (Péronne, 1860), pp. 3-4 et 9-10; Eustache de Sachy, *Essais sur l'hist. de Péronne*, p. 1-2; J. Dournel, *Hist. gén. de Péronne*, p. 1. Ce siège de Péronne est un souvenir de la lutte entre Raoul et Herbert, de 932 à 935, au cours de laquelle Péronne fut assiégée par Hugues le Grand et Gilbert de Lorraine.]

[Footnote 323: Il s'agit ici probablement de Guillaume Ier Longue-Épée. Les noms propres mis entre crochets ont été biffés sur le manuscrit à une date qui semble de peu postérieure à l'époque de la transcription. On y remarquera de nombreux anachronismes.]

[Footnote 324: Conan Ier le Tort, comte de Rennes (m. 992).]

[Footnote 325: Peut-être Guillaume tête d'Étoupe, comte de Poitiers, ou Guillaume le pieux, comte d'Auvergne.]

[Footnote 326: Pour *Alphonsus*, réminiscence d'Alphonse-Jourdain, comte de Toulouse et vicomte de Narbonne (1134-1143).]

[Footnote 327: Ce nom paraît provenir d'une confusion entre Otton de Bourgogne (956-965) et Eudes Ier (1078-1102).]

[Footnote 328: Foulques Ier ou Foulques II, comte d'Anjou. Le qualificatif de «comte du Mans» qui lui est appliqué est un surnom épique.]

[Footnote 329: Geoffroy Ier Grisegonelle devenu de bonne heure, comme on sait, un héros épique, qui succéda précisément à Foulques II d'Anjou.]

[Footnote 330: Arnaud Bouration, comte de Périgord et d'Angoulême (962-975), ou Arnaud Manzer, bâtard de Guillaume Taillefer, qui lui succéda (975-1001).]

[Footnote 331: Hugues Ier comte de Champagne (vers 1093-1123).]

[Footnote 332: Il n'y a jamais eu de comte de Ponthieu de ce nom. Ce doit être une confusion avec Roger ou Raoul.]

[Footnote 333: Hugues le Grand.]

[Footnote 334: Thibaud le Tricheur, comte de Blois.]

[Footnote 335: Forme fautive pour *Aedgiva*.]

[Footnote 336: Il se pourrait que toute la légende rapportée ici fût née à l'occasion de cette pierre, comme il est arrivé parfois dans des cas analogues.]

[Footnote 337: Édouard Ier l'Ancien, père de la reine-mère Ogive, mort avant l'avènement de Louis IV.]

[Footnote 338: Le même nom se retrouve dans Guillaume de Nangis. Il signifie précisément «messager».]

[Footnote 339: Sur l'opinion peu favorable que les Français se faisaient des Anglais au moyen âge, cf. Ch.-V. Langlois, *Les Anglais au moyen âge d'après les sources françaises (Revue historique*, t. LII, pp. 298-315).]

TABLE ANALYTIQUE

A

ABBON, évêque de Soissons, chancelier de Robert Ier, partisan de Raoul;—à Autun, chancelier de Raoul;—accompagne le roi Raoul;—soutient Herbert II de Vermandois; sollicite à Rome l'approbation de Jean X pour les actes d'Herbert II;—devenu archichancelier royal, perd le vicariat du diocèse de Reims;—remplacé comme archichancelier royal, par Anseïs de Troyes.

Aefredus, voy. AFFRÉ.

Acinarius, voy. LOUP AZNAR.

Ad Destricios. Lieu dit où les Normands sont anéantis par Raoul.

ADÈLE DE VERMANDOIS, fille d'Herbert II, épouse Arnoul de Flandre.

ADÉLAÏDE, seconde femme de Louis le Bègue;—mère de Charles le Simple.

ADÉLAÏDE, fille de Conrad d'Auxerre, épouse Richard le Justicier;—mère de Raoul, roi de France;—charte;—intervient en faveur de Saint-Symphorien d'Autun.

Adelelmus. Charte pour Sainte-Radegonde de Poitiers.

ADÉMAR, vicomte de Turenne. Fait approuver son testament par Raoul.

ADÉMAR DE CHABANNES. Son récit des exploits de Guillaume Taillefer.

ADSON, impétrant d'un diplôme en faveur de Saint-Symphorien d'Autun.

Aedgiva, voy. OGIVE.

AFFRÉ ou EFFROI, frère de Guillaume II d'Aquitaine, avoué de l'abbaye de Brioude;—occupe Nevers;—succède à Guillaume II, duc d'Aquitaine;—sa mort.

AIMOIN, chroniqueur. Explication du choix de Raoul;—vante le triomphe de Raoul sur les Normands.

AIMOIN (Continuateur d'). Son récit du pillage de Saint-Benoît-sur-Loire, par Rögnvald.

AIRARD, évêque de Noyon. Sa mort.

AISNE, riv. Charles le Simple la traverse.

AIX-EN-PROVENCE. Odalric, archevêque.

AIX-LA-CHAPELLE;—le procès de Bernard d'Italie y est jugé.

ALAIN BARBE-TORTE, duc de Bretagne;—aidé par les Anglo-Saxons, constitue une principauté féodale en Bretagne.

Albamarla, voy. AUMALE.

ALDRIC, fidèle de Raoul.

ALLARD, évêque du Puy, accompagne Guillaume d'Aquitaine près Raoul.

ALLEAUME, comte d'Arras. Repousse les Normands;—s'empare de Noyon;
il est tué dans la basilique;—à sa mort, Arnoul de Flandre prend Arras.

ALLEAUME, évêque de Laon. Établit des chanoines à Saint-Vincent de Laon.

ALLOU, comte de Boulogne-Térouanne;—opère avec Raoul contre les Normands;—frère d'Arnoul de Flandre, abbé de Saint-Bertin.

ALPES. Les Hongrois y sont un instant cernés par Rodolphe II et Hugues de Provence.

ALPHONSE-JOURDAIN, comte de Toulouse, et vicomte de Narbonne, à la cour royale.

ALSACE. Charles le Simple et Robert y séjournent.—Voy. SAVERNE.

AMAURY, rapporte de Rome le *pallium* à Artaud.

AMIÉNOIS, pays envahi par les Normands.

AMIENS. Raoul y est reconnu roi;—menacé par les Normands; dévoré par un incendie;—assiégé par Hugues le Grand qui reçoit des otages de la garnison d'Herbert II.

ANGERS. Raoul y est reconnu;—Cathédrale et Saint-Aubin, cartulaires.

ANGLAIS. Opinion des Français sur leur caractère.

ANGLETERRE. La reine Ogive s'y réfugie avec son fils Louis.

ANGLO-SAXONS.

ANGOULÊME. Guillaume Taillefer, comte; les moines de Charroux s'y réfugient;—monnaie de Raoul;—comté.

ANGOUMOIS, pillé par les Normands.

ANJOU. Comté.

ANNALES. Voy. au nom d'auteur ou de provenance et les notes au texte.

ANONYME DE LAON. Fragments inédits de sa chronique relatifs à Herbert II de Vermandois.

ANSE, en Lyonnais. Raoul y séjourne.

ANSEAU, vassal de Boson, châtelain de Vitry, reçoit Coucy d'Herbert II.

ANSEÏS, évêque de Troyes, à Autun, près de Raoul;—lutte coutre Rögnvald;—blessé à Chalmont;—dans un diplôme pour Montiéramey;—intervient dans un diplôme de Raoul comme archichancelier.

ANSELME, évêque d'Autun. Acte de donation approuvé par Raoul.

ANSGARDE, première femme de Louis de Bégue.

AQUITAINE. Duché;—soumise à Charles;—tactique des seigneurs de ce pays à l'égard de la royauté;—transfert du titre de duc à la maison de Poitiers; pillée par les Normands;—reconnaît Raoul comme roi.

ARCIAT, sur la Saône, Raoul s'y arrête.

ARCY (Saône-et-Loire).

ARGENTEUIL. (Seine-et-Oise) Obituaire.

ARGENTEUIL, en Tonnerrois. Défaite des Normands.

Argrina, forme fautive pour *Aedgiva*. Ogive, femme de Charles le Simple.

ARLES. Comté. Appartient à Boson, du chef de sa femme Berthe.

ARLES (Royaume d'). Son origine;—Rodolphe II, roi.

ARNAUD BOURATION, comte de Périgord et d'Angoulême, à la cour royale.

ARNAUD MANZIER, bâtard de Guillaume Taillefer, à la cour royale.

ARNOUL, marquis de Flandre. Opère avec Raoul contre les Normands;—les Normands veulent s'en venger;—enlève Mortagne à Roger de Lion;—s'empare d'Arras;—épouse Adèle de Vermandois; occupe Arras; entre en possession de Boulogne et Térouanne et devient abbé de Saint-Bertin, à la mort d'Allou.

ARRAS. Le comte Alleaume repousse les Normands;—menacé par les Normands;—assiégé par Raoul;—Arnoul, marquis de Flandre, s'en empare à la mort du comte Alleaume;—pris par Arnoul de Flandre.

ARSONCOURT.

ARTAUD, élu archévèque de Reims;—réunit un synode pour excommunier
Milon de Châlons;—moine de Saint-Remy, se rend auprès de Hugues le Grand;—archevêque de Reims, accompagne Raoul au siège de Château-Thierry et Hugues le Grand à la prise de Roye;—réunit un synode à Fismes.

ARTOIS, pays envahi par les Normands.

ATHELSTAN, oncle de Louis IV, le reçoit à sa cour.

ATTIGNY. Charles le Simple s'y rend;—résidence royale;—plaid décidant une expédition en Lorraine;—fisc royal, rendu par Raoul à Charles le Simple;—Raoul s'y rend et envoie de là Hugues le Grand en ambassade auprès d'Henri 1er;—Raoul y réside;—Raoul y donne un diplôme.

AUBRY DE TROIS-FONTAINES. Sa chronique—attribue un fils à Raoul.

AUMALE, *Albamarla*, limite des domaines d'Herbert II.

AURILLAC. Charte de Frolard pour cette ville.

AUTUN. Église, chartes de Raoul;—Walon, évêque;—comté de Raoul, début de son règne;—Saint-Martin, abbaye; Eimon abbé; dépendances en Viennois et Provence; ses privilèges;—Saint-Symphorien, Hermoud prévot;—Raoul y séjourne;—Saint-Andoche.

AUVERGNE. Maison comtale;—a pour dépendances le Velay et le Gévaudan;—reconnaît la suzeraineté de Raoul;—comté.

AUXERRE. Relations de ses vicomtes avec le duc de Bourgogne;—Rainard vicomte;—monastère Saint-Germain: la reine, Emma lui enlève la *villa Quinciacum*;—Raoul y donne un diplôme à son fidèle Allard;—Raoul y confirme des concessions de Geoffroi de Nevers à l'évêque *Tedalyrinus*;—Louis IV y séjourne avec Hugues le Grand;—monastère de Saint-Germain, Raoul en est avoué.

AVALLON. Comté de Raoul;—château, enlevé au comte Gilbert par la reine Emma.

AVIGNON, Comté. Appartient à Boson, du chef de sa femme, Berthe.

AVRANCHIN, pays cédé par Raoul aux Normands.

AZNAR, voy. Loup Aznar.

BAUDOIN II LE CHAUVE. Ses fils;—hostile à Herbert II.

BEAULIEU. Cartulaire;—chartes datées des années de Raoul.

BEAUVAIS. Heudegier, évêque;—monnaie de Raoul.

BEAUVAISIS, pays envahi par les Normands.

BÉATRICE DE VERMANDOIS, mère de Hugues le Grand.

BENNON, évêque de Metz, successeur de Guerri.

BENOÎT (Saint) Miracles;—son apparition à Rögnvald;—reliques portées à Saint-Benoît-sur-Loire pendant l'invasion normande.

BÉRENGER, empereur. Son intervention sollicitée en faveur de Charles le simple; sa mort.

BÉRENGER, comte du *pagus Lommensis*. Se brouille avec Gilbert, son beau-frère.

BERNARD, comte (de Senlis?), cousin d'Herbert II de Vermandois;—aurait été de bonne foi en trompant le roi Charles.

BERNARD D'ITALIE, aïeul d'Herbert II de Vermandois;—sa révolte contre Louis le Pieux et sa mort.

BERNOIN, évêque de Verdun, neveu de Dadon.

BERNON, abbé de Cluny. Testament.

BERRY. Raoul y est reconnu;—pays restitué par Raoul à Guillaume II d'Aquitaine;—invasion hongroise;—les habitants repoussent les Normands.

BERTHE, comtesse d'Arles et d'Avignon, nièce de Hugues de Provence; épouse Boson, frère de Raoul.

BESSIN, pays cédé par Hugues le Grand aux Normands;—les habitants attaquent les Normands de la Seine;—habitants.

BEUVES, évêque de Châlons. Soutient Herbert II;—chassé par Boson;—condamné à la destitution;—rétabli sur son siège par la faveur de Hugues le Grand;—Raoul lui rend son évêché d'accord avec Hugues le Grand.

BÉZIERS. Chartes y constatant l'interrègne.

BLANDIGNY. Annales.

BLOIS. Raoul y est reconnu:—Saint-Lomer, monastère, reçoit de Raoul l'église Saint-Lubin;—comté.

BONN (Traité de), entre Charles le Simple et Henri l'Oiseleur.

BOSON, frère cadet de Raoul;—son partisan;—prête l'hommage à Raoul;—tue Ricoin malade, pour s'emparer de Verdun;—épouse Berthe, comtesse d'Arles et d'Avignon;—ennemi d'Otton, fils de Ricoin;—obligé de reconnaître la suzeraineté d'Henri Ier;—conclut la paix avec Henri Ier; se réconcilie avec Gilbert de Lorraine;—s'empare de domaines des évêchés de Verdun et Metz; assiégé dans *Durofostum* par Henri Ier;—s'empare de Chelles;—rentre dans Vitry, et prend Monzon; s'allie à Gilbert de Lorraine et à Hugues le Grand contre Herbert II; a pour vassal Anseau de Vitry; compris dans un accord entre Hugues le Grand et Herbert II;—se brouille avec Gilbert de Lorraine qui lui prend *Durofostum*;—se soustrait à la suzeraineté d'Henri Ier beau-père de Gilbert;—accompagne Raoul au siège de Reims;—époux de Berthe, nièce de Hugues, possède Arles et Avignon;—se soumet à Henri Ier qui lui rend presque tous ses domaines;—prend part a l'expédition lorraine contre Hugues le Grand; se rencontre avec Raoul à Attigny; concède Domrémy à Saint-Remy de Reims; y est enseveli;—sa femme est petite-fille de Lothaire II de Lorraine, nièce de Hugues de Provence.

BOSON, roi de Provence. Oncle de Raoul, roi de France;—fils de Thierry d'Autun;—son royaume.

BOUFFIGNEREUX, près de Laon. Les troupes royales y campent.

BOULOGNE.—Généalogie des comtes;—occupé par Arnoul de Flandre.

BOULONNAIS. Littoral ravagé par la flotte normande.

BOURGES. Pris par Raoul de Bourgogne;—monnaie de Raoul.

BOURGOGNE. Duché;—maison ducale; alliée à Robert;—royaume indépendant sous Rodolphe Ier;—les moines de Montiérender s'y réfugient;—Raoul y est reconnu roi—pouvoir ducal de Raoul;—Raoul y séjourne;—Herbert II s'y rend;—faveurs de Raoul pour les abbayes de ce pays;—échappe aux pillages normands;—des contingents en sortent pour rallier l'armée de Raoul.

BOURGUIGNONS. Luttent contre les Normands à Chalmont.

BRAISNE-SUR-LA-VESLE. Enlevé par Hugues à l'archevêque de Rouen, Gonthard; pris et détruit par Herbert II.

BRÊLE, fl. côtier.

BRETAGNE. Indépendante sous Alain;—soumise à Charles;—dans l'anarchie;—cession faite par Robert à Rögnvald non exécutée.

BRIARE. Raoul y confirme les privilèges de Cluny.

BRIE. Comté. Raoul y est reconnu.

BRIOUDE. Abbaye Saint-Julien; Affré en est avoué;—dates des chartes;—cartulaire.

C

CAHORS. Frotard vicomte;—chartes datées des années de Raoul, 50.

CALAIS (Saint). Translation de ses reliques à Saint-Lomer de Blois.

CAMBRAI. Évêques;—Isaac comte;—Gilbert de Lorraine y tient un plaid.

CARCASSÈS. Possessions de l'abbaye de Montolieu situées dans ce pays.

CARLOMAN, roi de France;—sa mort;—le dernier capitulaire date de son règne.

Carolingicae domus genealogia.

CHALMONT (Seine-et-Marne). Défaite des Normands.

CHÂLON-SUR-SAÔNE. (comté). Début du règne de Raoul;—Bernard d'Italie s'y rencontre avec Louis le Pieux;—Raoul y séjourne avec toute sa cour;—diplômes de Raoul datés de cette ville.

CHALONNAIS. Dépendances de Tournus, sises dans ce pays.

CHÂLONS-SUR-MARNE. Cartulaire.

CHAMPAGNE. Comté.

CHARLEMAGNE. S'associe son second fils Louis le Pieux;—diplôme pour Marmoutier;—son souvenir.

CHARLES-CONSTANTIN, bâtard de Louis l'Aveugle, comte de Vienne.—Rentre en possession de Vienne;—comte de Vienne au mépris des droits d'Eudes de Vermandois; se soumet à Raoul;—reçoit Raoul comme suzerain à Vienne.

CHARLES LE CHAUVE. Oncle de Raoul;—épouse Richilde; aïeul des comtes de Flandre;—diplôme pour Marmoutier;—son souvenir.

CHARLES LE GROS, empereur.

CHARLES LE SIMPLE. Fils de Louis le Bègue.—parrain de Raoul de Bourgogne; né en 879;—son diplôme en faveur de l'abbaye de Prüm;—prescrit à Étienne, abbé de Saint-Martial de Limoges, de construire deux tours pour résister à Guillaume d'Aquitaine;—fils posthume de Louis le Bègue;—concession à Rollon; signe le traité de Bonn;—s'enfuit en Lorraine; en revient avec des troupes; sa défaite à Laon; assiège Chièvremont, repoussé par Hugues le Grand;—lutte à Soissons contre Robert; envoie des messagers à Herbert II et à Séulf;—appelle les Normands à son aide;—reconnu en Normandie, Bretagne et Aquitaine;—délivre des diplômes à Guy de Girone;—reconnu dans le Midi;—fait des démarches inutiles auprès de Séulf;— reconnu en Poitou;—reconnu longtemps dans la Marche d'Espagne;—ses domaines;—envoie des reliques de saint Denis à Henri Ier, avec une ambassade; négocie avec Henri Ier de Germanie;—sa captivité; enfermé à Château-Thierry; se rend à Saint-Quentin avec la députation d'Herbert II;—ses enfants légitimes et naturels;—donation aux Normands de la Seine;— enfermé au donjon de Château-Thierry, puis à Péronne; tiré de sa prison par Herbert II;—Rome intervient en sa faveur;—retourne en prison;—captif à Reims, reçoit la visite de Raoul;—sa mort en captivité à Péronne; enseveli à Saint-Fursy;—a pour tante Rohaut;—sa mort décide le Midi à reconnaître Raoul comme roi.

CHARROUX, abbaye. Pérégrinations des moines.

CHARTRES. Défaite des Normands;—Saint-Père, cartulaire;— Raoul y est reconnu;—monnaie de Raoul.

CHÂTEAUBLEAU. Monnaie de Raoul.

CHÂTEAUDUN. Monnaie de Raoul.

CHÂTEAU-GAILLARD. Monnaie de Raoul.

CHÂTEAU-GAILLOT, à Laon.

CHÂTEAU-LANDON. Monnaie de Raoul.

CHÂTEAU-THIERRY. Charles le Simple y est enfermé;—incendie du donjon;—un des derniers réduits d'Herbert II, avec Péronne;—assiégé par Raoul et les archevêques Téotolon et Artaud;—Herbert II y rentre; assiégé à deux reprises par Raoul et Hugues le Grand; abandonné par Herbert II.

CHELLES, abbaye. Enlevée à Rohaut et concédée par Charles le Simple à Haganon;—occupée par Boson à la mort de l'abbesse Rohaut.

CHIERS, riv. Henri Ier se rencontre sur ses bords avec Raoul.

CHIÈVREMONT. Assiégé par Charles, débloqué par Hugues le Grand.

CHRONIQUE de Saint-Bénigne de Dijon. Attribue un fils à Raoul.

Cignorum Mons, à Péronne.

CLERGÉ, maltraité par Herbert II à Reims.

CLUNY, abbaye. Chartes concernant les comtés de Mâcon, Châlon et Autun;—diplômes de Raoul en faveur de ce monastère; son droit de battre monnaie; abbaye dotée par Raoul.

COLOGNE. L'archevêque s'abstient de reconnaître Raoul.

COMMINGES. Loup Aznar en aurait été seigneur.

COMPIÈGNE. Résidence royale;—Raoul s'y rend avec ses troupes;—Raoul y convoque Herbert II;—Raoul y délivre un diplôme, à Saint-Corneille, en faveur de Marmoutier;—monnaie de Raoul.

CONAN Ier LE TORT, comte de Rennes; à la cour royale.

CONQUES, en Rouergue, abbaye. Cartulaire; chartes constatant l'interrègne;—actes datés des années du règne de Raoul.

CONRAD, comte d'Auxerre.

CONRAD DE FRANCONIE, mis en parallèle avec le roi Raoul.

CONRAD LE PACIFIQUE, fils de Rodolphe II, roi d'Arles. Épouse Mathilde, fille de Louis d'Outre-Mer.

CORMICY. Quartier général des troupes royales lors de l'investissement de Reims.

COTENTIN. Les possessions de Rollon s'y seraient étendues;—cédé par Raoul aux Normands.

COUCY, dépendance de l'église de Reims. Environs ravagés par la garnison royale de Laon;—donné à Anseau de Vitry par Herbert II.

COURONNE de Raoul. Son histoire.

Cygnophum, lieu dit à Péronne.

D

DADON, évêque de Verdun;—sa mort.

DALMACE. Intervient dans un diplôme de Raoul pour Montolieu.

DENAIN. Enlevé à Herbert II par Raoul.

DENIS (S.). Reliques envoyées par Charles le Simple à Henri Ier de Germanie.

DÉOLS, monastère. Obtient de Raoul l'immunité, à la requête d'Ebbon.

Destricios (Ad), Voy. *Ad Destricios*.

DIJON. Saint-Bénigne;—relations de ses vicomtes avec le duc de Bourgogne;—Manassès, comte;—pris par le comte Boson; assiégé par Raoul.

DOUAI, repris par Hugues le Grand à Herbert II et concédé par lui à Roger de Laon.

DREUX. Monnaie de Raoul.

DUDON DE SAINT-QUENTIN;—prête à Bernard de Senlis un rôle de diplomate.

Durofostum, château sur la Meuse. Boson y est assiégé par Henri Ier;—pris par Gilbert de Lorraine.

Dux Francorum, titre.

DYÉ (Yonne). Domaine de Saint-Benoît-sur-Loire, restitué à l'abbaye par Raoul.

E

EADHILD, fille d'Édouard Ier l'Ancien, roi des Anglo-Saxons. Épouse Hugues le Grand.

ERBON, seigneur de Déols. Obtient de Raoul l'immunité pour le monastère fondé par lui;—sa mort.

EBERHARD de Franconie. Intervient en faveur d'Herbert II.

ÈBLES MANZER, comte de Poitiers. Charte pour l'abbaye de Noaillé;—fils de Renoul II, duc d'Aquitaine;—ne porte pas le titre de duc d'Aquitaine.

EBRARD, frère d'Héloin de Montreuil. Herbert lui enlève Ham et le fait prisonnier.

ÉCOLE riv., affl. de la Seine. Les Normands campent auprès.

ÉDOUARD Ier l'Ancien, roi des Anglo-Saxons, père de la reine Ogive;—son prétendu messager envoyé à Louis IV.

Effestucare, sens de ce mot.

EFFROI, voy. AFFRÉ.

ÉGLISE, alliée à Charles le Simple.

EIMON, abbé de Saint-Martin d'Autun.

EINSIEDELN, monastère. Annales.

ELISIARD, comte. Appelle Eudes de Cluny à Saint-Benoît-sur-Loire;—intervient auprès de Raoul en faveur de Cluny.

ELNE. Chartes y constatant l'interrègne;—Wadaldus évêque;—cartulaire, acte daté du règne de Raoul.

EMMA, fille de Robert Ier, femme de Raoul;—haute valeur de cette princesse;—son rôle dans l'élection de Raoul;—rejoint Raoul à Autun;—déshéritée par Raoul en faveur de Saint-Remy;—souscrit une précaire de Saint-Martin de Tours;—son courage; elle défend Laon;—abandonne Laon;—enlève le château d'Avallon au comte Gilbert, fils de Manassès de Dijon;—enlève la villa *Quinciacum* à Saint-Germain d'Auxerre;—intervient dans un diplôme de Raoul en faveur de Cluny;—accompagne Raoul au siège de Château-Thierry;—son psautier;—sa mort, rôle joué par elle.

ENGRAND, doyen de Saint-Médard de Soissons, élu évêque de Laon.

ENJEUGER, fils de Foulques d'Anjou. Sa mort.

ENJORREN DE LEUZE. Combat les Normands.

EPTE, riv. traversée par Raoul.

ERMENGAUD, comte de Rouergue, ne reconnaît Raoul qu'en 932;—prête
l'hommage à Raoul.

ERMENJART, impératrice, femme de Louis le Pieux. Son ambassade à Bernard d'Italie.

ERMENJART, soeur de Raoul de Bourgogne; femme de Gilbert de Dijon.

ERMENTRUDE, femme de Charles le Chauve.

ERNAUT de Douai, vassal de Hugues. Passe au parti d'Herbert II;—dépossédé reçoit d'Herbert II Saint-Quentin.

ESCAUT, fl. Limite septentrionale de la France.

ESPAGNE. Marche; Charles le Simple y est longtemps reconnu;—n'accepte pas la suzeraineté de Raoul.

ESTRÉES. Les reliques de saint Genoul y sont déposées. ESTRESSE, près de Beaulieu (Corrèze). Identifié avec *Ad Destricios*, où Raoul battit les Normands.

ÉTAMPES. Monnaie de Raoul.

ÉTIENNE, abbé de Saint-Martial de Limoges. Fortifie l'abbaye.

ÉTIENNE, évêque de Cambrai. Différend avec le comte Isaac.

EU. Garnison renforcée;—enlevé aux Normands par les Français;—entrevue de Rollon et Guillaume Longue-Épée avec Herbert II;—victoire de Raoul sur les Normands.

EUDES, roi de France. Frère de Robert Ier;—son accord avec Charles le Simple;—fils de Robert le Fort, élu roi;—couronné par Gautier, archevêque de Sens;—oncle de Hugues le Grand—chartes datées à partir de son décès et;—diplôme pour Marmoutier.

EUDES Ier DE BOURGOGNE, à la cour royale.

EUDES DE CLUNY. Appelé à Saint-Benoît-sur-Loire.

EUDES DE VERMANDOIS, fils d'Herbert II, candidat au comté de Laon;—donné en otage à Rollon;—renvoyé par Rollon;—obtient la Viennoise; semble n'y avoir jamais exercé la moindre autorité.

F

FAUQUEMBERGUE. Raoul y est blessé en luttant contre les Normands.

FÉLÉCAN, chef normand massacré avec ses compagnons par les Bretons.

FÉODALITÉ. Son développement;—son caractère en France et en Germanie à cette époque.

FÉTU. Abandon de Charles le Simple «par jet de fétu».

FISC. Sa diminution.

FISMES, église Sainte-Macre. Artaud y réunit un synode.

FLANDRE.—Maison comtale; ses bons rapports avec Robert Ier.

FLODOARD, annaliste; perd la prébende reçue de l'archevêque de Reims Hervé.

Floriacum, voy. SAINT-BENOÎT-SUR-LOIRE.

FOLCUIN, chroniqueur. Élection de Raoul;—récit de la capture de Charles le Simple;—date qu'il assigne à la mort de Charles le Simple.

FOUBERT, comte, porte-enseigne de Charles le Simple. Tue Robert Ier.

FOULQUES Ier, comte d'Anjou. Charte;—à la cour royale.

FRANCE. Duché.

Francia.

FRÉJUS, possession de Saint-Martin d'Autun.

FRÉRONE, seconde femme de Charles le Simple. Ses quatre filles.

FROTARD, vicomte de Cahors. Charte pour Aurillac.

FROTIER II, évêque de Poitiers, reconnaît Raoul.

Fulbertus voy. FOUBERT.

G

GARNIER, comte de Sens. Lutte contre Rögnvald;—sa mort à Chalmont.

GALOPIN, prétendu messager envoyé par Édouard Ier l'Ancien à Louis IV.

GASCOGNE. Raoul n'y est reconnu qu'en 932.

GÂTINAIS, pays.—Les dépendances de l'abbaye de Saint-Paul situées dans ce pays données à Allard par le roi Raoul.

GAUBERT, abbé de Corbie, élu évêque de Noyon; chassé puis réinstallé et consacré par Artaud.

GAUTIER, archevêque de Sens. Couronne Eudes puis Robert Ier;—couronne Raoul.

GEILON, neveu d'Allard, fidèle de Raoul.

GENOUL. (S.). Reliques portées à Estrées, pendant l'invasion normande.

GEOFFROY, comte de Nevers. Intervient dans un diplôme de Raoul;—perd *Viriliacum*, secouru par Raoul contre les Aquitains; chargé de négocier une entrevue avec Henri Ier de Germanie;—ses concessions à l'évêque *Tedalgrinus*.

GEOFFROY Ier GRISEGONELLE, comte d'Anjou; à la cour royale.

GERRI, monastère. Cartulaire.

GÉVAUDAN. Comté; suit la politique du duc d'Aquitaine.

GIGNY, abbaye. Guy abbé, usurpateur des biens de Cluny.

GILBERT, comte de Dijon, fils de Manassès. À Autun, près Raoul;—neveu de Rainard d'Auxerre, assiège ce dernier à Mont-Saint-Jean;—s'allie au comte Richard, fils de Garnier de Sens; le château d'Avallon lui est enlevé.

GILBERT, duc de Lorraine, partisan de Robert.—Son attitude à l'égard de Raoul;—refuse de se soumettre à Raoul;—appelle Henri Ier de Germanie en Lorraine;—se brouille avec son beau-frère Bérenger et son frère Renier; lutte contre Isaac de Cambrai; se rapproche de Raoul;—son caractère inconstant; son échec auprès de Raoul;—entre en pourparlers avec les seigneurs français;—prête l'hommage à Raoul;—fils de Renier Ier, duc de Lorraine;—s'allie à Boson et à Hugues le Grand contre Herbert II;—enlève le château de *Durofostum* à Boson;—vient aider Herbert II contre Raoul; il conclut un armistice avec ce dernier;—coopère avec Hugues le Grand et Raoul au siège de Péronne;—intervient en faveur d'Herbert II;—intervient de nouveau en faveur d'Herbert II, et fait conclure un nouvel armistice.

GILBERT, vassal de Raoul, révolté contre lui et châtié.

GIRONE, en Catalogne.

GISON, rapporte de Rome le *pallium* à Artaud.

GONTHARD, archevêque de Rouen. Perd la forteresse de Braisne-sur-la-Vesle.

GORZE, abbaye. Cartulaire;—chartes.

GOSBERT, évêque de Laon. Sa mort.

GOTHIE, pays envahi par les Hongrois.

GUERRI, évêque de Metz. Décide Raoul à assiéger Saverne;—s'empare de Saverne et en fait raser le château-fort;—sa mort.

GUILLAUME Ier LE PIEUX, d'Aquitaine, oncle de Guillaume II.

GUILLAUME II D'AQUITAINE, neveu de Guillaume Ier d'Aquitaine. S'empare de Bourges; reçoit le Berry de Raoul moyennant l'hommage;—d'abord hostile à Raoul finit par se soumettre;—prend aussi le titre de comte d'Auvergne;—sur la Loire; se rend au camp de Raoul et lui prête l'hommage;—accompagné par l'évêque du Puy, Allard;—comte de Velay, intercède auprès de Raoul en faveur de l'évêque du Puy;—négocie avec Rögnvald;—fait défection;—sa mort.

GUILLAUME DE NANGIS. Passage de sa Chronique en rapport avec l'Anonyme de Laon.

GUILLAUME LONGUE-ÉPÉE, associé à son père Rollon, l'accompagne à Eu près d'Herbert II de Vermandois;—prête l'hommage à Charles le Simple;—prête l'hommage à Raoul, et reçoit le littoral contigu à la Bretagne;—à la cour royale.

GUILLAUME TAILLEFER, comte d'Angoulême. Exploits contre les Normands;—a pour successeur son bâtard Arnaud Manzer.

GUILLAUME TÊTE D'ÉTOUPE. Autorise une libéralité de l'évêque Frotier II en faveur de Saint-Cyprien;—fils d'Èbles, duc d'Aquitaine et comte d'Auvergne;—comte de Poitiers.

GUY, abbé de Gigny. Restitue à Cluny les domaines qu'il avait usurpés.

GUY DE GIRONE, Diplôme en sa faveur.

GUY DE SPOLÈTE. Tient le pape Jean X prisonnier.

H

HAGANON, favori de Charles le Simple;—accompagne Charles le Simple en Lorraine.

HAM. Enlevé par Herbert II à Héloin de Montreuil;—assiégé par Raoul et Hugues le Grand, livre des otages;—retourne au parti d'Herbert II qui y établit son fils Eudes.

HELGAUD, comte de Ponthieu.—Harcèle les Normands;—opère avec Raoul contre les Normands;—les Normands cherchent à s'en venger;—à la bataille de Fauquembergue;—père d'Héloin.

HÉLOIN DE MONTREUIL, fils d'Helgaud de Ponthieu. Condamné pour
bigamie à Trosly;—assiégé par Herbert II et Hugues le Grand; se réconcilie avec ce dernier;—a pour frère Ébrard.

HÉLUIS, père de Raoul de Gouy.

HENRI Ier L'OISELEUR, roi de Germanie. Signe le traité de Bonn;—reçoit des envoyés de Charles le Simple;—sa garnison de Saverne capitule;—appelé par Gilbert et l'archevêque de Trèves, passe le Rhin; conclut un armistice avec les Lorrains, emmenant troupeaux et otages en Germanie;—reconnu à Toul entre le 16 octobre 923 et le 14 octobre 924;—malade sur la frontière slave;—passe le Rhin, enlève Zülpich à Gilbert de Lorraine;—Herbert II se rend auprès de lui avec Hugues le Grand;—donne l'évêché de Metz à Bennon;—assiège Boson à *Durofostum*, et conclut la paix avec lui;—refuse à Herbert II d'agir en faveur de Charles le Simple;—intervient en France et fait signer un armistice entre Boson et Herbert II;—Herbert II lui prête l'hommage;—son appui sollicité par Herbert II; aux prises avec des difficultés intérieures et la guerre hongroise;—écrase les Hongrois sur les bords de l'Unstrutt;—vainqueur des Hongrois, des Slaves et des Danois, envoie Gilbert de Lorraine et Éberhard de Franconie au secours d'Herbert II;—envoie une ambassade à Raoul, à Soissons; se rencontre: avec lui sur les bords de la Chiers;—envoie une armée aider Herbert II à reprendre Saint-Quentin;—parallèle avec Raoul;—domine mieux la féodalité de son pays que Raoul.

HERBERT Ier, comte de Vermandois, fils de Pépin, petit-fils de Bernard d'Italie.

HERBERT II, comte de Vermandois. Aurait épousé sa nièce, fille de Robert Ier;—met en déroute les Lorrains à Soissons; reçoit des messagers de Charles le Simple;—descendant de Bernard d'Italie;—empêche Séulf de répondre aux démarches de Charles le Simple;—envoie une députation à Charles le Simple;—aurait caché ses desseins â ses envoyés auprès du roi Charles;—sa conduite sévèrement jugée par ses contemporains; essai d'explication;—sa prétendue tentative pour s'emparer de Louis, fils de Charles le Simple;—ses vassaux infligent un échec aux Normands; se rend en Bourgogne après la capture du roi Charles;—fournit des contingents contre les Normands;—défend la ligne de l'Oise contre les Normands; conclut un armistice avec eux;—à Autun, près de Raoul;—reçoit Péronne du

Raoul;—chargé par Raoul de négocier la paix avec les Normands;—fait condamner le comte de Cambrai Isaac au synode de Trosly;—à l'arrière-garde des troupes françaises, prêt à tirer parti des événements;—réussit à gagner Hugues le Grand;—apparaît sur les rives de l'Oise pour arrêter les Normands;—amène les vassaux de l'église de Reims à Raoul;—accusé d'empoisonnement;—fait élire archevêque de Reims son fils Hugues;—accompagne Raoul au siège de Nevers;—s'empare de Péronne et de Reims; se brouille avec Raoul;—lutte contre les Normands de la Loire et leur abandonne le comté de Nantes; réunit le synode de Trosly malgré Raoul;—oppose Charles le Simple à Raoul; tente un coup de main sur Laon;—conclut une alliance avec les Normands à Eu;—sa lettre au pape Jean X; se rend à Reims et y rédige une lettre à Jean X; conclut un accord avec Raoul, et donne des otages;—se rencontre avec Raoul; amène Hugues le Grand à une entrevue auprès de Rollon; entre à Laon;—échoue auprès d'Henri Ier; donne Saint-Timothée et une prébende de chanoine à Odalric d'Aix;—ayant échoué avec la restauration de Charles, prête l'hommage à Raoul qui lui concède Laon;—obtient la Viennoise pour son fils Eudes; s'empare du château de Vitry-en-Perthois; assiège Héloin dans Montreuil; attire à son parti Heudoin, vassal de Hugues le Grand;—rend Vitry à Boson; concède Saint-Quentin à Ernaut de Douai; conclut un accord avec Hugues le Grand; péril et reprend Mouzon;—se rapproche de Gilbert de Lorraine; sa rupture avec Raoul;—enlève Braisne-sur-la-Vesle à Hugues le Grand et détruit la place;—prête l'hommage à Hugues le Grand;—assiégé par Raoul à Laon; obtient d'en sortir en y laissant sa femme;—enlève Ham à Ébrard, frère d'Héloin de Montreuil;—sa situation précaire; recherche sans succès l'appui d'Henri Ier de Germanie;—recouvre Ham puis Saint-Quentin, mais reperd vite cette dernière ville;—reprend Château-Thierry; obtient, grâce à la médiation lorraine, un armistice moyennant l'abandon de Château-Thierry, reste en possession de Péronne et de Ham;—acquiert l'alliance d'Arnoul de Flandre; approvisionne Péronne; enlève les récoltes des partisans de Hugues le Grand;—fait sa soumission à l'entrevue des bords de la Chiers; il reçoit divers domaines occupés par Hugues le Grand, et se réconcilie avec lui;—sa lutte avec Raoul;—sa cupidité;—son rôle néfaste;—jour de sa mort;—amène une invasion en France;—se rend au roi de France;—s'empare de Charles le Simple, le fait mutiler et mourir en prison;—sa prétendue pendaison par ordre de Louis IV.

HERBERT DE VERMANDOIS, fils d'Herbert II, notaire ou chancelier royal (?).

HERMOUD, prévôt de Saint-Symphorien d'Autun.

HERVÉ, abbé de Tournus.

HERVÉ, archevêque de Reims.—Partisan de Robert;—dépouillé de domaines épiscopaux sis en Lyonnais;—sa mort.

HEUDEGIER, évêque de Beauvais.

HEUDOIN, vassal de Hugues le Grand. Passe au parti d'Herbert II.

HILDUIN, évêque élu de Liège.

HONGROIS. Pillent l'Italie, Brûlent Pavie; en Provence, en Gothie; achevés par Raimond-Pons III;—pillent le pays de Voncq;—quittent la France, puis font un retour offensif;—pillent la Bourgogne, brûlent le monastère de Bèze, s'enfuient devant Raoul et gagnent l'Italie.

HUGUES LE GRAND, fils de Robert Ier. A pour belle-mère Rohaut;—force Charles à lever le siège de Chièvremont;—met en déroute les Lorrains à Soissons;—neveu du roi Eudes, éclipsé par son père;—candidat éventuel à la couronne;—ses domaines;—aurait capturé le roi Charles d'après Widukind;—adversaire du roi Charles à cause de la mort de Robert à Soissons;—confondu avec Herbert II par Richer dans le récit de la capture de Charles le Simple;—sollicite l'assistance de Raoul coutre les Normands;—défend la ligne de l'Oise contre les Normands; conclut un armistice avec eux;—à Autun, près de Raoul;—reçoit le Mans de Raoul;—frère de Raoul, chargé par Raoul du siège de Mont-Saint-Jean;—chargé par Raoul de négocier avec les Normands, leur cède le Maine et le Bessin;—négocie avec Rögnvald;—campe sur les rives de la Seine, en face des Normands;—gagné par Herbert II;—ses vassaux attaquent les Normands;—campe en Beauvaisis;—sa rivalité avec la Flandre;—épouse Eadhild; souscrit une précaire de Saint-Martin de Tours;—neveu d'Herbert II; modification de son attitude;—lutte contre les Normands de la Loire et leur abandonne le comté de Nantes;—intervient auprès de Raoul et l'accompagne jusque sur les rives de l'Oise; médiateur entre Raoul et Herbert II;—prête l'hommage à Charles le Simple en présence de Rollon et d'Herbert II;—échoue avec Herbert II auprès d'Henri Ier;—assiège Héloin dans Montreuil; a pour belle-mère Rohaut;—s'allie à Boson et à Gilbert contre Herbert II et lui reprend Douai; conclut un accord avec

Herbert II; a pour vassal Ernaut de Douai;—enlève Braisne à l'archevêque de Rouen Gonthard; s'allie à Raoul contre Herbert II;—envoyé par Raoul en ambassade auprès d'Henri Ier pour contrebalancer l'influence d'Herbert II;—accompagne Raoul au siège de Reims;—chargé de garder Beuves de Châlons prisonnier;—s'entend avec Raoul au sujet de Beuves de Châlons;—assiège Amiens occupé par Herbert II; s'empare de Saint-Quentin; s'entend avec Gilbert de Lorraine pour assiéger Péronne, mais échoue; se fait livrer des otages à Ham;—perd puis reprend Saint-Quentin et en châtie cruellement les habitants; s'empare de Roye avec Artaud;—assiège deux fois, avec Raoul, Château-Thierry;—se réconcilie avec Herbert II sur l'intervention de Raoul, et lui rend divers domaines;—refuse de restituer Saint-Quentin à Herbert II;—semble avoir assisté aux funérailles de Raoul;—son attitude à la mort de Raoul;—sa politique;—à la cour royale.

HUGUES LE NOIR, frère cadet de Raoul de Bourgogne.— Assiste Robert dans sa lutte contre Charles le Simple;—auprès de Raoul, à Autun;—intervient dans un diplôme en faveur de Cluny.

HUGUES DE PROVENCE, régent du royaume de Provence; auprès de Raoul; sa nièce Berthe, comtesse d'Arles et Avignon, épouse Boson;—harcèle les Hongrois dans les Alpes;—roi d'Italie, se rend en Provence pour y fortifier son autorité, à la mort de Louis l'Aveugle, et rencontre Raoul à Vienne;—son traité avec Rodolphe II de Bourgogne; conséquences en Lyonnais;— abandonne ses droits sur la Provence à Rodolphe II; a pour nièce Berthe, femme de Boson, frère de Raoul;—sa nièce épouse Boson, frère de Raoul.

HUGUES Ier, comte de Champagne; à la cour royale.

HUGUES, évêque de Verdun. Choisi par le roi Raoul pour succéder à Dadon.

HUGUES DE VERMANDOIS, fils d'Herbert II.—Déclaré déchu de tout droit sur l'archevêché de Reims;—protégé par Abbon, évêque de Soissons.

HUGUES DE FLAVIGNV. Chronique.

HUGUES DE FLEURY. *Modernorum regum actus.*

I-K

INGELHEIM. Concile de 948; discours de Louis IV.

INGON, chef normand; paraît avoir succédé à Rögnvald.

ISAAC, comte de Cambrai. En lutte avec Gilbert;—différend avec son évêque Étienne.

ITALIE, pillée par les Hongrois.

JEAN X, pape. Intervient en faveur de Charles le Simple;—approuve les actes d'Herbert II;—lettre d'Herbert II à lui adressée; prisonnier de Guy de Spolète;—emprisonné par Guy de Toscane;—fait restituer à Cluny des domaines occupés par Guy, abbé de Gigny.

JEAN XI, pape. Bulle faisant allusion à un diplôme perdu de Raoul;—envoie le *pallium* à Artaud.

Jocundus. Sa *Translatio S. Servatii.*

JOSSELIN, évêque de Langres.—Lutte contre Rögnvald.

JOSSELIN, évêque de Toul. Charte datée du règne de Raoul.

JUGEMENT de Dieu. Conception médiévale.

JUHEL-BÉRENGER, duc de Bretagne.

Karolorum genealogiae.

L

LAMBERT, abbé de Saint-Benoît-sur-Loire.

LANGRES.—Diplôme de Raoul pour cette ville.

LANGUEDOC. Sa soumission à Raoul en 932.

LAON. Charles le Simple y est battu;—évêque;—le comte Roger partisan de Raoul;—palais royal;—la reine Emma y est couronnée; Raoul y rentre;—environs pillés par les Hongrois;—Saint-Vincent, chanoines;—comté vacant par le décès de Roger;—abandonné difficilement par Emma, est occupé par Herbert II;—concédé à Herbert II par Raoul;—investi par Raoul;—Herbert II y est assiégé par Raoul; obtient d'en sortir en y laissant sa femme qui finit par capituler;—Engrand succède à Gosbert comme évêque;—Raoul y séjourne; rixe entre ses gens et ceux de, l'évêque;—menacé par les comtes lorrains et saxons alliés d'Herbert II;—monnaie de Raoul;—Louis IV y tient une cour plénière.

LAONNAIS. Opérations militaires dans ce pays.

LASSOIS. Comté de Raoul.

LEIBNIZ. Son opinion sur l'entrevue de Raoul et de Charles le Simple à Reims.

LE MANS. Cédé par Raoul à Hugues le Grand;—monnaie de Raoul;—Foulques comte.

LE PUY. Allard, évêque;—comté et monnaie de la ville concédés par Raoul à l'évêque;—chartes datées des années de Raoul;—monnaie de Raoul.

LÉON VI, pape. Se désintéresse du sort de Charles le Simple.

LÉON VII, pape. Bulle.

LIÈGE. Évêché, son occupation en 921;—annales.

LIMOGES. Saint-Martial;—Saint-Étienne, cartulaire.

LIMOUSIN, pays hésitant entre Charles le Simple et Raoul;—pillé par les Normands.

LOBBES, monastère. Annales.

LOIRE, fl. Estuaire occupé par les Normands;—cours remonté par Rögnvald.

Lommensis pagus. Bérenger comte.

LORRAINE. Acquise par Charles le Simple;—Charles le Simple s'y réfugie;—Charles y lève des recrues;—luttes féodales;—sa soumission effective au roi de France;—sous la suzeraineté germanique;—la question lorraine au Xe siècle;—perdue temporairement sous Raoul.

LORRAINS. Prêtent l'hommage à Raoul;—offrent leur soumission à Raoul;—acceptent la souveraineté bourguignonne.

LOTHAIRE, roi de France.

LOTHAIRE II, roi de Lorraine. Sa petite-fille épouse Boson, frère de Raoul.

LOUIS LE PIEUX. Ses humiliations; sa cruauté à l'égard de Bernard d'Italie;—diplôme pour Marmoutier.

LOUIS II LE BÈGUE, fils de Charles le Chauve et d'Ermentrude. Épouse successivement Ansgarde et Adélaïde;—père de Charles le Simple;—applique encore l'ancien système des partages.

LOUIS III, roi de France;—vainqueur de Saucourt. Sa mort.

LOUIS IV D'OUTRE-MER. Sa fille Mathilde épouse Conrad le Pacifique;—fils de Charles le Simple, échappe à Herbert II à la faveur d'une ruse;—désigné fictivement comme roi dans les chartes du Midi, après la mort de Charles le Simple;—séjourne à Auxerre; assiste peut-être aux funérailles de Raoul;—emmené en Angleterre par sa mère Ogive; tient une cour plénière à Laon.

LOUIS L'AVEUGLE;—empereur, a pour régent en Provence Hugues;—cousin germain de Raoul; sa mort.

LOUIS, prétendu fils de Raoul.

LOUP AZNAR, seigneur gascon. Prête l'hommage à Raoul en 932;—aurait été seigneur de Comminges;—reconnaît le roi Raoul.

LYON. Monnaie de Raoul.

LYONNAIS. Domaines de l'évêché de Reims;—chartes de cette région montrant que Raoul peut y avoir été reconnu.

M

MABILLE, historien. Son opinion sur le transfert du duché d'Aquitaine à la maison de Poitiers.

MABILLON. Expertise faite par lui.

MÂCON. Comté; début du règne de Raoul dans ce pays;—Saint-Vincent, cartulaire.

MAINE, pays cédé par Hugues le Grand aux Normands; appartenait à Robert Ier;—pays disputé entre l'Anjou et la Normandie.

MANASSÈS, comte de Dijon;—père de Gilbert et Walon;—frère de Rainard, vicomte d'Auxerre;—lutte contre Rögnvald;—a pour fils Gilbert; ennemi du roi Robert Ier.

MANS (LE), voy. LE MANS.

MARCHE D'ESPAGNE. Voy. ESPAGNE.

MARMOUTIER, abbaye. Diplôme de Raoul en sa faveur, confirmant ceux de Charlemagne, Louis le Pieux, Charles le Chauve et Eudes.

MATHILDE, fille de Louis d'Outre-Mer. Épouse Conrad le Pacifique.

MEAUX. Monnaie de Raoul.

METZ. Reconnaît Raoul;—l'évêque Guerri décide Raoul à marcher sur Saverne;—Witger, évêque;—évêché donné par Henri Ier à Bennon.

MONTIÉRAMEY, abbaye. Cartulaire.

MEUSE, fl.;—traversée par Charles le Simple;—Raoul s'avance jusque sur ses bords.

MILON, évêque de Châlons;—excommunié par Artaud.

MOISSAC, abbaye. Chartes.

MONNAIES de Raoul. *Mons Calaus*, lieu identifié avec Chalmont (Seine-et-Marne, arr. de Melun, comm. de Fleury-en-Bière).

Mons Herberti, voy. MONT-HÉBERT.

MONTDIDIER, voy. ROBERT DE MONTDIDIER.

MONT-HÉBERT, lieu dit près de Laon. Herbert II de Vermandois y aurait été pendu.

MONTIÉRENDER, monastère;—moines en fuite.

MONTOLIEU, abbaye. Diplôme de Raoul en sa faveur.

MONTREUIL-SUR-MER. Héloin y est assiégé par Hugues le Grand et Herbert II;—voy. HÉLOIN DE MONTREUIL.

MONT-SAINT-JEAN, forteresse prise par Rainard, vicomte d'Auxerre, puis reprise par Raoul.

MONTAGNE-NORD, château des comtes de Laon. Pris et détruit par Herbert II;—Roger de Laon y rentre;—Arnoul de Flandre l'en dépouille.

MOUZON. Pris par Boson; repris par Herbert II.

N

NAMUR, Belgique. Limite des domaines d'Herbert II

NANTES, Comté. Cession faite par Robert à Rögnvald et aux Normands de la Loire non exécutée.

NARBONNAIS. Possessions de l'abbaye de Montolieu situées dans ce pays.

NARBONNE. Chartes constatant l'interrègne;—vicomté.

NAVARRE. Limite de la France, au sud.

NEVERS. Assiégé par Raoul, livre des otages; occupé par Affré;—Geoffroy comte;—monnaie de Raoul.

NÎMES. Chartes constatant l'interrègne;—chronique.

NOAILLÉ. Abbaye.

NOGENT. Monnaie de Raoul.

NORMANDIE. Reste soumise à Charles;—envahie par Raoul.

NORMANDS. Assiègent Tours;—ceux de la Loire obtiennent une partie de la Bretagne et le pays de Nantes;—battus à Argenteuil par Richard le Justicier;—fidèles à Charles le Simple;—répondent à l'appel de ce dernier—ceux de la Seine donnent des otages et concèdent la paix moyennant un tribut;—les mêmes aidés par ceux de la Loire; avantages obtenus par eux;—leur lutte contre les troupes de Raoul et les Bourguignons à Chalmont;—rompent le traité de 924; rappelés par une diversion à la défense de leurs foyers; poursuivis et harcelés par Helgaud de Ponthieu;—Raoul prend sa revanche contre eux;—concluent un accord avec Hugues le Grand;—leur défaite à Eu;—ravagent le Porcien; leur flotte ravage les côtes du Boulonnais; envahissent l'Artois;—se font acheter la paix;—envahissent l'Aquitaine, pénètrent en Limousin, nattas par Raoul au lieu dit *Ad Destricios*;—en lutte contre les Bretons; massacrés par ceux-ci avec leur chef Félécan;—ceux de la Loire repoussés par les habitants du Berry et de la Touraine;—vaincus par Raoul.

NOYON. Évêque;—résiste aux attaques des Normands;—la mort de l'évêque Airard, suivie de la brise de la ville par le comte Alleaume; sa délivrance; Gaubert évêque;—environs pillés par Eudes, fils d'Herbert II.

O

ODALRIC, archévêque d'Aix-en-Provence. Chassé de son siège par les Sarrasins, devient vicaire du diocèse de Reims et reçoit l'abbaye de Saint-Timothée avec une prébende de chanoine.

ODIN, dieu scandinave.

ODORAN. Chronique. OGIVE, reine de France, fille d'Édouard Ier l'Ancien et femme de Charles le Simple;—passe directement de Lorraine en Angleterre.

OISE, riv. Les grands campent sur ses bords;—traversée par les Normands en 923;—ses rives défendues par Hugues et Herbert II contre les Normands;—Herbert II campe sur ses bords;—sur ses rives un accord est conclu entre Herbert II et Raoul.

ORLÉANS. Forêt traversée par Rögnvald;—églises dotées par Raoul;—monnaie de Raoul.

OTTON Ier, roi de Germanie. Succède à son père Henri Ier;—synchronisme de son règne.

OTTON, fils de Ricoin, ennemi personnel de Raoul, passe du côté d'Henri Ier de Germanie;—jure fidélité à Raoul.

OTTON DE BOURGOGNE, à la cour royale.

P

PARIS. Raoul y est reconnu;—sa flotte doit coopérer à l'attaque du camp normand;—Hugues y séjourne;—monnaie de Raoul;—comté.

PARISIS, pays. Les habitants attaquent les Normands de la Seine.

PARTAGES germaniques, encore appliqués sous Louis le Bègue.

PAVIE. Brûlé par les Hongrois.

Pecunia collaticia. Impôt levé en France pour acheter la paix aux Normands.

PÉPIN, fils de Bernard d'Italie, père d'Herbert Ier de Vermandois.

PÉRIGORD, Comté;—pillé par les Normands.

PÉRONNE. Charles le Simple y est enfermé;—remis par Raoul à Herbert II;—pris par Herbert II;—Charles le Simple y est transféré de Saint-Quentin;—Charles le Simple y meurt captif; est enseveli à Saint-Fursy;—attaqué sans succès par Raoul, Hugues le Grand et Gilbert de Lorraine;—reste en la possession d'Herbert II;—approvisionné par Herbert II;—assiégé par le roi de France; le *Cignorum Mons, Cygnophum,* Mont-des-Cygnes, Saint-Fursy;—Charles le Simple y meurt.

PFEDDERSHEIM, dans le pays de Worms.

PLECTRUDE, femme d'Allard, fidèle de Raoul.

POISSY. Monnaie de Raoul.

POITIERS. L'évêque Frotier II reconnaît Raoul;—Saint-Hilaire;—Saint-Cyprien, cartulaire;—Sainte-Radegonde;—le comte Èbles, fils de Renoul II, n'hérite pas de son père, du titre de duc d'Aquitaine;—comté.

POITOU, pays hésitant entre Charles le Simple et Raoul.

PONTHIEU. Comté.—Le comte Helgaud harcèle les Normands.

PONTHION-SUR-L'ORNAIN, fisc royal, rendu par Raoul à Charles le Simple.

PORCIEN, pays ravagé par les Normands.

POUILLY, localité en Bourgogne.

PROVENCE. Boson, roi;—indépendante sous Boson;—Hugues, régent pour Louis l'Aveugle; Raoul y confirme les biens de Saint-Martin d'Autun;—Hugues d'Italie y fortifie son autorité;—Hugues d'Italie cède à Rodolphe II ses droits sur ce pays; Boson y domine à cause des comtés d'Arles et d'Avignon.

PROVINS. Comté; Raoul y est reconnu.

PRÜM, abbaye. Diplôme de Charles le Simple;—annales.

PUY (LE), voy. LE PUY.

Q-R

QUERCY, pays.

QUIERSY-SUR-OISE. Capitulaire.

Quinciacum, villa dépendant de Saint-Germain d'Auxerre, enlevée par la reine Emma.

RAIMOND-PONS III, comte de Toulouse; reconnaît Raoul en 932;—disperse les Hongrois;—duc d'Aquitaine;—prête l'hommage à Raoul;—devient duc d'Aquitaine.

RAINARD, notaire du roi Raoul.

RAINARD, vicomte d'Auxerre, frère de Manassès de Dijon.

RAOUL, roi de France. Fils de Richard le Justicier; neveu de Rodolphe Ier, roi de Bourgogne jurane; neveu de Charles le Chauve; neveu de Boson, roi de Provence;—épouse Emma, fille de Robert Ier;—souscrit divers actes du vivant de son père; témoin dans un acte de 901; charte en faveur de l'église d'Autun;—s'intitule comte;—attiré par Robert dans le parti des révoltés contre Charles le Simple;—entre en France avec une puissante armée;—élu et couronné à Soissons;—diplômes pour Autun, Châlon et Langres;—reçoit l'hommage d'une partie des Lorrains;—flétri comme usurpateur dans des chartes de Brioude;—son pouvoir ducal, sa royauté;—reçoit Herbert II en Bourgogne, après la capture de Charles;—pénètre en Normandie;—menace d'envahir la Lorraine et force ainsi Henri Ier à se retirer;—reconnu roi à Toul;—reçoit l'hommage de

Guillaume II d'Aquitaine et lui restitue le Berry;—confirme les biens d'un monastère en Viennois et Provence; ses prétentions possibles sur ces pays;—sa maladie; son pèlerinage à Saint-Remy; se rend à Soissons puis en Bourgogne;—confirme les donations faites par ses prédécesseurs à l'abbaye de Saint-Amand;—dirige le siège d'Eu;—concède à Herbert II l'administration intérimaire du temporel de l'archevêché de Reims;—grièvement blessé à Fauquembergue, regagne Laon;—se rend en Viennois;—son entrevue avec Charles le Simple;—sa victoire sur les Normands à Estresse;—prend Denain;—assiège et prend Reims;—reprend Laon;—prend Saint-Médard de Soissons; reçoit l'hommage de Raimond-Pons III, comte de Toulouse;—reconnu en Viennois et en Normandie;—sa mort;—son caractère.—Voy. pour le détail aux noms des matières.

RAOUL DE GOUY. Combat les Normands;—fils d'Héluis; sa mort.

RAOUL GLABER OU LE CHAUVE. Récit de l'élection de Raoul;—récit de la capture de Charles le Simple.

RATISBONNE. Saint-Emmeran; reliques de saint Denis.

RAZÈS. Possessions de l'abbaye de Montolieu situées dans ce pays.

REDON, abbaye. Cartulaire.

RÉGINON, chroniqueur;—son continuateur qualifie Robert de sacrilège.

REIMS. Archevêché.—Saint-Remy; Robert y est couronné;—synode réuni par Séulf prescrit pénitence aux vainqueurs de Soissons;—archevêché sous la dépendance d'Herbert II de Vermandois; Raoul est reconnu;—palais royal;—Raoul fait un pèlerinage à Saint-Remy et lui lègue presque tous ses biens;—vassaux de l'église, réunis par le roi;—église, archevêché;—les reliques de saint Remy et de sainte Vaubourg d'Attigny y sont apportées;—pris par Herbert II;—l'église a pour dépendance Coucy;—Herbert II s'y rend;—l'archevêché a des dépendances bourguignonnes;—Raoul y visite Charles le Simple;—Raoul essaie en vain de négocier avec les habitants, et finalement investit la place;—assiégé par Raoul, Hugues le Grand et Boson;—se rend à Raoul; Artaud y est consacré solennellement;—obituaires.

RÉMOIS. Opérations militaires dans ce pays;—Charles le Simple y séjourne.

REMY D'AUXERRE. A pour disciple Séulf.

RENNES. Comté.

RENIER Ier de Lorraine, père de Gilbert.

RENIER II DE HAINAUT, frère de Gilbert de Lorraine, se brouille avec lui;—se réconcilie avec Gilbert.

RENOUL II, comte de Poitiers. Est en même temps duc d'Aquitaine;—père d'Èbles Manzer.

RHIN, fl. Passé par Henri Ier.

RHÔNE, fl. Passé par les Hongrois.

RICHARD LE JUSTICIER, comte d'Autun, puis duc de Bourgogne. Victorieux des Normands à Argenteuil;—fils de Thierry d'Autun; épouse Adélaïde;—arrêt concernant Saint-Bénigne de Dijon;—sa mort;—son oeuvre;—son surnom.

RICHARD, comte, fils de Garnier de Sens, s'allie à Gilbert de Dijon;—comte de Troyes, paraît dans un diplôme pour Montiéramey;—en lutte contre Raoul.

RICHARD, prétendu comte de Ponthieu, à la cour royale.

RICHARD LE POITEVIN.—Son récit de la mort de Charles le Simple dérive de Flodoard.

RICHER, abbé de Prüm. Devient évêque de Liège.

RICHER, chroniqueur. Récit de la capture de Charles le Simple;—son récit de la fuite de Louis IV en Angleterre;—fait périr Rollon au siège d'Eu.

RICHILDE, impératrice, soeur de Richard le Justicier;—fille de Thierry d'Autun; épouse Charles le Chauve.

RICOIN, tué à Verdun par Boson, frère de Raoul;—père d'Otton de Verdun.

ROBERT LE FORT, père de Robert Ier, roi de France;—père d'Eudes;—grand-père de Hugues le Grand.

ROBERT Ier, duc puis roi de France, fils de Robert le Fort; succède à Eudes et prête l'hommage à Charles le Simple; quitte la cour de Charles le Simple; paraît comme impétrant dans les diplômes de Charles le Simple;—ennemi de Manassès de Dijon;—parrain de Rollon;—cède la Bretagne et Nantes aux Normands;—beau-père de Raoul de Bourgogne;—aide Raoul à s'emparer de Bourges;—marquis de France; chef des révoltés contre Charles le Simple;—a une entrevue avec Henri Ier sur la

Boer; obtient un armistice des Lorrains; rentre en France et congédie les Bourguignons; élu roi à Reims; couronné à Saint-Remy; ses partisans;—séjourne à Soissons; surpris par Charles le Simple, sa mort à la bataille de Soissons;—père de Hugues;—acte daté de son règne;—a pour chancelier Abbon de Soissons;—sa mort à Soissons;—conséquences de sa mort;—souvenir de sa mort.

ROBERT DE MONTDIDIER, nom épique de Robert Ier.

RODEZ. Chartes constatant l'interrègne.

RODOLPHE Ier, roi de Bourgogne.

RODOLPHE II, roi de Bourgogne puis d'Arles;—harcèle les Hongrois dans les Alpes;—obtient de Hugues d'Italie l'abandon de ses droits sur la Provence, et constitue ainsi le royaume d'Arles;—assiste à l'entrevue de Raoul avec Henri Ier sur les bords de la Chiers.

ROGER, archevêque de Trèves, refuse de reconnaître Raoul.

ROGER, comte de Laon. Partisan de Raoul;—intercède auprès de Raoul pour l'abbaye de Saint-Amand;—sa mort;—ses fils gardent fidèlement leur cité au roi.

ROGER DE LAON, fils du précédent. Son château de Mortagne assiégé et détruit par Herbert II;—investi de Douai par Hugues le Grand.

RÖGNVALD, viking, chef des Normands de la Loire. Appelé par Charles le Simple;—mécontent des promesses illusoires de Robert Ier; appelé par le roi Charles; se joint aux Normands de la Seine et passe l'Oise;—aide les Normands de la Seine; promesses de cession du comté de Nantes et de la Bretagne non réalisées;—exclu des négociations par les seigneurs français; cherche vengeance contre Raoul; son expédition en Bourgogne; parvient à traverser les lignes françaises et à s'échapper;—légende de son passage à Saint-Benoît-sur-Loire.

ROHAUT, tante de Charles le Simple, belle-mère de Hugues le Grand, abbesse de Chelles;—sa mort.

ROLLON. Son établissement en Neustrie;—se joint à Rögnvald et passe l'Oise;—négocie un armistice avec Hugues le Grand et Herbert II et concède la paix moyennant une indemnité;—prend des mesures pour défendre Eu;—sa conquête est menacée; sa mort à Eu d'après Richer;—prête l'hommage à Charles le Simple à Eu et y conclut une alliance avec Herbert II;—rend à Herbert II son fils Eudes; son entrevue avec Herbert II, Hugues le Grand et Charles le Simple.

Rothildis, voy. ROHAUT.

ROUEN.

ROUERGUE. Comté. Le comte Ermengaud ne reconnaît Raoul qu'en 932;—reconnaît la suzeraineté de Raoul;—Ermengaud prête l'hommage à Raoul. ROUMOIS, pays incendié par les Parisiens.

ROUSSILLON. Raoul y est reconnu.

ROYAUTÉ féodale. Son caractère.

ROME, ville;—forteresse prise par Hugues le Grand et Artaud.

S

SAINT-AMAND. Annales.

SAINT-BENOÎT-SUR-LOIRE. Raoul y est reconnu;—annales;—les Normands y pénètrent;—église;—les reliques de saint Benoît y sont déposées;—abbaye dotée par Raoul.

SAINT-BERCHAIRE, monastère.

SAINT-BERTIN, abbaye. Annales;—Arnoul de Flandre en devient abbé à
la mort de son frère Allou.

SAINT-CYPRIEN DE POITIERS, abbaye. Reçoit une donation de l'évêque
de Poitiers, Frotier II.

SAINT-DENIS, abbaye. Diplôme de Charles le simple;—obituaire;—monnaie de Raoul.

SAINT-EMMERAN DE RATISBONNE, voy. RATISBONNE.

SAINT-GERMAIN-DES-PRÉS. Diplôme de Charles le Simple;—obituaire.

SAINT-LOMER DE BLOIS, monastère. Reçoit de Raoul l'église Saint-Lubin.

SAINT-LUBIN. Église concédée par Raoul à Saint-Lomer de Blois.

SAINT-MAIXENT.

SAINT-MAUR-DES-FOSSÉS, monastère.

SAINT-PAUL, en Sénonais. Abbaye concédée par Raoul à son fidèle Allard.

SAINT-QUENTIN. Charles s'y rend avec la députation d'Herbert II;—annales;—Charles le simple y est installé comme roi par Herbert II;—concédé par Herbert II à Ernaut de Douai dépossédé;—pris par Hugues le Grand;—Herbert reprend cette ville, mais Hugues le Grand la lui enlève presque aussitôt;—Gilbert se propose de reprendre la ville, mais y renonce;—Hugues le Grand refuse de restituer la ville à Herbert II; elle est prise et rasée par les comtes lorrains et saxons alliés d'Herbert II.

SAINT-REMY, monastère fortifié par Séulf.—Voy. REIMS.

SAINT-TIMOTHÉE, abbaye donnée par Herbert II à l'archevêque Odalric d'Aix.

SAINT-VAST, abbaye. Annales.

SAINTE-RADEGONDE, voy. POITIERS.

SAINTONGE, pays pillé par les Normands.

SANCHE-GARCIE, duc de Gascogne, paraît être beau-père de Loup Aznar.

SARRASINS. Chassent l'archevêque d'Aix, Odalric, de son siège.

SAUCOURT. Victoire de Louis III sur les Normands.

SAUXILLANGES. Cartulaire.

SAVERNE, en Alsace. Raoul y assiège la garnison laissée par Henri Ier;—pris par Guerri, évêque de Metz, qui en détruit le château fort.

SAXE. Invasion hongroise dans ce pays.

SCARPE, riv.

SEINE, fl.—Son estuaire occupé par les Normands.

SENLIS. Évêque.

SENS.—Sainte-Colombe;—archevêché;—Gautier archevêque;—l'archevêque Gautier couronne Raoul;—*Historia Francorum Senonensis*;—Raoul y séjourne;—Raoul est enseveli à Sainte-Colombe, auprès de son père et du roi Robert Ier;—Sainte-Colombe hérite du trésor de Raoul;—Raoul est avoué de Sainte-Colombe;—monnaie de Raoul.

SERVAIS (S.). Translation.

SÉULF. Devient archevêque de Reims;—reçoit des messagers de Charles le Simple;—archevêque de Reims; réunit un synode à Reims;—ne répond pas aux démarches de Charles;—fournit des contingents pour combattre les Normands;—couronne la reine Emma à Laon;—confère la prêtrise à Hugues de Verdun;—aide Hugues et Herbert II à défendre la ligne de l'Oise contre les Normands;—à Autun, près de Raoul;—obtient de Hugues de Provence la restitution de domaines épiscopaux sis en Lyonnais;—chargé par Raoul de négocier la paix avec les Normands;—disciple de Remy d'Auxerre; fortifie Saint-Remy de Reims;—sa mort.

SOISSONNAIS. Opérations militaires dans ce pays.

SOISSONS.—Robert y séjourne;—abbaye de Saint-Médard;—Raoul est couronné à Saint-Médard;—l'évêque Abbon, chancelier de Robert Ier, partisan de Raoul;—Abbon, évêque;—Raoul s'y rend;—Saint-Médard occupé par Raoul;—Saint-Médard a pour doyen Engrand qui devient évêque de Laon;—environs pillés par Eudes, fils d'Herbert II; Notre-Dame, abbesse; Saint-Pierre, chanoines;—Raoul y tient un plaid; une ambassade d'Henri Ier vient l'y trouver;—monnaie de Raoul;—bataille.

STAVELOT-MALMÉDY, abbaye. Chartes.

SUNIAIRE ou SUNIER, comte d'Urgel. Charte.

T

TAILLEFER, voy. GUILLAUME-TAILLEFER.

Tedalgrinus, évêque de Nevers. Reçoit des concessions du comte Geoffroi de Nevers.

TÉOTOLON, archevêque de Tours. Accompagne Raoul au siège de Château-Thierry.

TÉROUANNE ou THÉROUANNE;—occupé par Arnoul de Flandre.

THIBAUD, abbé de Sainte-Colombe de Sens. Emporte la couronne de Raoul à la seconde croisade, et meurt en Orient.

THIBAUD LE TRICHEUR, comte de Blois. Paraît dans un diplôme de Raoul;—son rôle lors de l'arrivée de l'empereur à Paris;—à la cour royale;—sa prétendue autorité dans le conseil du roi Louis IV.

THIERRY, comte d'Autun.

THIETMAR, historien.

THION, vicomte de Paris.—Charte.

TITRE de *rex Francorum, Aquitanorum et Burgundionum* pris par Raoul dans ses diplômes.

TOSCANE, pays.

TOUL. Raoul y est reconnu roi, puis Henri Ier, en octobre 923.

TOULOUSE. Le comte Raimond-Pons III ne reconnaît Raoul qu'en 932;—comté; la suzeraineté de Raoul y est reconnue.

TOURAINE. Les habitants de ce pays repoussent les Normands.

TOURNAI. Comté. Acte de Raoul concernant ce pays;—Chroniques.

TOURNUS, abbaye. Hervé abbé;—obtient confirmation de ses dépendances sises en Chalonnais.

TOURS. Assiégé par les Normands;—chroniques;—Raoul y est reconnu et y séjourne;—Téotolon archevêque;—Saint-Martin: diplôme de Charles le Simple;—pancarte noire;—précaire souscrite par Hugues le Grand et la reine Emma;—Raoul s'y rend en pèlerinage; diplôme;—Raoul confirme ses possessions et privilèges.

TREDUIN, clerc noble, partisan d'Herbert II, pris et pendu à Saint-Quentin par Hugues le Grand.

TRÈVES. L'archevêque Roger refuse de reconnaître Raoul;—Saint-Maximin, annales;—l'archevêque appelle Henri Ier, en Lorraine;—l'archevêque s'abstient de reconnaître Raoul;—Saint-Maximin, charte.

TROSLY. Synode, affaire d'Isaac de Cambrai;—synode réuni par Herbert II, malgré Raoul.

TROYES.—Raoul y est reconnu;—Anseïs évêque.

TULLE. Saint-Martin, abbaye réformée; Raoul y est reconnu;—chartes datées des années de Raoul;—le monastère reçoit le donjon royal d'*Uxellodunum;*—diplôme de Raoul pour cette abbaye.

TURENNE. Adémar vicomte fait approuver son testament par Raoul;—maison.

U-Z

UNIZON, vassal de Raoul. Intervient en faveur de Saint-Symphorien d'Autun.

UNSTRUTT, riv. Les Hongrois sont battus sur ses bords par Henri III.

URGEL. Comté.

Uxellodunum, en Quercy. Concession du donjon royal au monastère de Tulle.

VABRES. Chartes constatant l'interrègne.

VAISON. Domaine de Saint-Martin d'Autun.

VARAIS, pays. Adélaïde de Bourgogne y possède des biens.

VELAY. Comté. Suit la politique du duc d'Aquitaine.

VENGEANCE privée, Droit en vigueur jusqu'au XVe siècle.

VERDUN. Partage;—reconnaît Raoul;—l'évêque Hugues succède à Dadon;—Ricoin y est tué par Boson;—l'évêque Hugues remplacé par Bernoin.

VERGY. Maison.

VERMANDOIS. Maison; alliée à Robert;—Raoul y est reconnu;—son hégémonie.

VEXIN normand. Pillé et incendié par les Parisiens.

VIENNE. Comté. Possédé par Charles-Constantin; Hugues d'Italie s'y rencontre avec Raoul;—sous la domination de son archevêque puis de Charles-Constantin; Raoul y est reçu comme suzerain par Charles-Constantin.

VIENNOIS, pays. Raoul y confirme les biens de Saint-Martin d'Autun;—sous la suzeraineté de Raoul;—Raoul s'y rend;—peut-être en fut-il question à l'entrevue des bords de la Chiers;—acquis par Raoul.

Viriliacum, localité enlevée par des Aquitains à Geoffroi de Nevers; reprise par Raoul.

VITRY-EN-PERTHOIS, château de Boson. Pris par Herbert II;—rendu par Herbert II a Boson;—repris par Boson.

VIVANT (S.). Vie.

VONCQ (Pays de). Pillé par les Normands.

Wadaldus, évêque d'Elne. Charte datée du décès de Charles le Simple.

WALON ou GALON, châtelain de Château-Thierry; prête l'hommage à la reine Emma;—sa conduite au second siège de Château-Thierry.

WALON, comte, fils de Manassès de Dijon. À Autun, près Raoul;—neveu de Rainard d'Auxerre, assiège ce dernier dans Mont-Saint-Jean.

WALON, évêque d'Autun.

WAULSORT. Chronique.

WIDUKIND, chroniqueur. Attribue à Hugues la capture de Charles.

WITGER, évêque de Metz.

WORMS (Pays de).

YVOIX. Henri Ier y séjourne.

ZÜLPICH, pris par Gilbert de Lorraine.